PARIS
UNDERGROUND

ANTOINE BESSE

PARIS UNDERGROUND

120 LIEUX

HORS NORMES
POUR ESPRITS
LIBRES

PARIGRAMME

N'hésitez pas à nous écrire : **parigramme@parigramme.fr**

Sommaire

INTRODUCTION 7

ÊTES-VOUS PLUTÔT HYPE OU UNDERGROUND ? 9

1. FRICHES ARTY ET LABOS D'EXPÉRIMENTATION 11

2. LECTURES EN MARGE ET VIDÉOS 37

3. SONS REBELLES 49

4. ANARS, SITUS : LA LUTTE CONTINUE ! 59

5. BOUIS-BOUIS, BARS ET BOÎTES À PART 65

- BOUIS-BOUIS 66
- BARS 72
- BOÎTES 84

6. ESPRIT, ES-TU LÀ ? 89

7. RAYON X 107

INDEX 119

"They're alive, they're awake
While the rest of the world is asleep"

Tow Waits, *Underground*

Rendons à César ce qui est à Jean-François Bizot. L'arrivée en France du terme "underground" pour désigner les courants culturels refusant la pensée majoritaire, le goût bourgeois et les bonnes mœurs, c'est à feu le patron d'*Actuel* qu'on la doit. En rejoignant le collectif de fanzines américain Underground Press Syndicate en 1971, il donne une bannière à ceux qui refusent les dogmes imposés par une publicité omniprésente, une obligation de rentabilité et les bigots de toutes obédiences qui, déjà, préparent l'après-68.

Un bon paquet d'années, un triomphe du capitalisme et une révolution Internet plus tard, y a-t-il encore un underground quand chacun fait sa pub en permanence à grands coups de stories Snapchat et d'émojis grimaçants ? Hé bien oui. Il reste des acharnés, des excités, des défricheurs, des ouvreurs, des doux dingues, des mordus, des losers magnifiques et de brillants avant-gardistes. Ils sont là, dehors, à vivre leur passion. À vous d'aller à leur rencontre au-delà des limites du périph, car aller vers l'autre sera toujours underground.

ÊTES-VOUS PLUTÔT HYPE OU UNDERGROUND ?

"L'underground représente tout ce qui n'est pas reconnu dans les médias et l'establishment. Si l'art contemporain demeure le laboratoire de l'underground, c'est vraiment la musique qui fait le lien entre les différents artistes. On retrouve dans cet humus culturel, qui a explosé avec les réseaux sociaux, une valeur essentielle qui est l'art pour l'art, sans chercher tout de suite le résultat ou la rentabilité, mais où la recherche, le processus est plus important. Attention, il ne faut pas confondre underground et hype ! La hype ne prend aucun risque et cultive le second degré, alors que l'underground a une attitude *'no fun'* très prononcée. Le concept de bonheur n'entre pas dans l'underground, et du coup il y a un désespoir intense dans les œuvres d'artistes comme Jean-Louis Costes ou Cheval Blanc.
Ce n'est pas par hasard si c'est dans la crise que les lieux et les artistes underground fleurissent..."

Thierry Théolier,
fondateur du Syndicat du Hype
et "artiste sans œuvre".

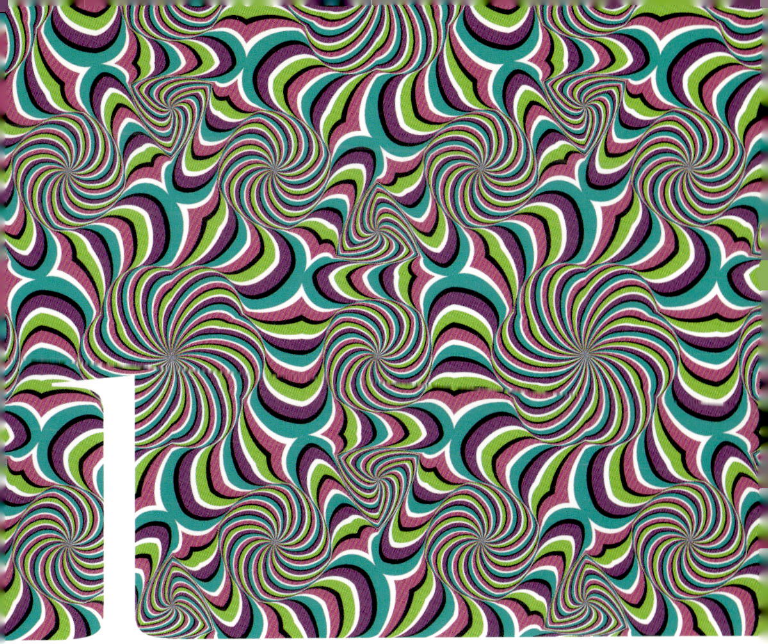

1

Friches arty et labos d'expérimentation

La création artistique prospère loin des moulures institutionnelles et des mécénats étriqués. Tel le labrador sur une plage de l'Atlantique, l'artiste underground aime s'ébrouer dans un milieu qu'il affectionne : sous les faux plafonds de bureaux abandonnés, sur le sol poussiéreux d'usines désaffectées, dans les recoins de boutiques microscopiques. Des lieux pionniers, germes de nouveaux quartiers aux quatre coins de la ville…

Topographie de l'Art

15, rue de Thorigny, 3e • M° Saint-Sébastien-Froissart
Tél. 01 40 29 44 28

Ouvert du mardi au samedi de 14h à 19h

topographiedelart.fr

LA CARTE ET LE TERRITOIRE • Dans le circuit des (nombreuses) galeries du Marais, Topographie de l'Art possède une place à part. Par son volume déjà. Ce très vaste hangar brut dénote dans un quartier plutôt abonné aux espaces réduits. Dans une usine désaffectée aux accents berlinois avec ses pierres nues et sa charpente métallique apparente, bien loin des cubes blancs habituels, les œuvres ont la place de s'exprimer. Le collectif d'artistes et d'historiens aux manettes de la galerie mitonne depuis 2001 une programmation contemporaine pointue. On a pu voir ici Wim Delvoye, Marta Pan ou Oleg Kulik, mais aussi des expos collectives qui brassent photographie, architecture ou typographie et questionnent les formes de la création.

Le Cabinet des Curieux

12, passage Verdeau, 9e • M° Grands-Boulevards ou Le Peletier
Tél. 01 44 83 09 57

Ouvert le lundi de 14h à 19h, du mardi au vendredi de 13h à 19h, le samedi de 14h à 18h30

cabinetcurieux.com

BEAU BIZARRE • Depuis 1998, Thierry Ruby a transformé ce petit boudoir sang-de-bœuf, une ancienne galerie classique, nichée dans le très sage passage Verdeau, en un univers onirique et foutraque où se côtoient peintures néogothiques, art sacré médiéval, icônes bantoues, insectes naturalisés et bizarreries inclassables (comme une dadaïste machine à coudre en sarment). “J'ai arrêté les fœtus dans le formol, les gens ne les achetaient jamais”, déclare-t-il. Une collection, délicate et unique, évoquant à la fois les cabinets de curiosités victoriens et le salon de Tim Burton, que Thierry Ruby vend à quelques connaisseurs accros ou à de prestigieux musées. Cette spécialisation ne va pas sans quelques contraintes, d'après lui : “La législation sur les animaux empaillés est devenue tellement restrictive qu'on ne peut plus acheter le moindre caïman du XIXe siècle...”

La Générale

14, avenue Parmentier, 11e • M° Voltaire
Tél. 06 18 44 06 90

lagenerale.fr

ÇA BOUILLONNE ! • La Générale bénéficie d'un répit ! Alors qu'un projet de cinéma (coiffé d'un chic restaurant siglé Thierry Marx) semblait condamner le collectif à quitter cette cathédrale industrielle du début du XXe siècle (en fait une ancienne station électrique), un recours reporte les travaux pour un certain temps. Excellente occasion d'aller voir cet espace insensé situé juste en face de la mairie du 11e, animé depuis 2009 par un collectif suractif, issu de la fermeture du squat La Générale à Belleville (d'où le nom). Dégustation de vin (le 20 de chaque mois), salon de BD, représentations théâtrales, soirées tricot ou concerts électro… la programmation est rien moins que pléthorique dans cette immense salle en poutrelles d'acier de 10 mètres sous plafond. Ne manquez pas le potager sur le toit et ses carrés de tomates avec vue sur la place Léon-Blum !

Le Lavo//matik

20, boulevard du Général-Jean-Simon, 13e • M° Porte-d'Ivry, Tram Avenue-de-France
Tél. 01 45 83 69 92

Ouvert du mardi au samedi de 14 à 19h

Facebook : Le Lavo//matik Arts Urbains

STRICTEMENT STREET • Installer une boutique d'art urbain dans un quartier qui est en train de sortir de terre, c'est crédible, voire obligé. On y trouve de grandes portions de palissades pour que les artistes s'expriment, mais côté chalandise, on a connu mieux. "Je voulais un magasin de destination, pas de passage", explique Benoît, qui a changé de vie pour ouvrir, au printemps 2014, le *concept store* de ses rêves, tout là-bas à l'extrémité orientale du 13e. Dans cette vaste salle en béton brut, vous pourrez acheter un pochoir sur bois de Mosko (1 200 €) ou une lithographie de RNST, un petit jeune qui monte (70 €)... mais aussi un mug ou un badge. "Et on propose la collection la plus complète de Paris de livres sur l'art urbain", assure Benoît, pas peu fier en exhibant une édition ultralimitée de *Matière grise* par Mank, reliée en banquette de RER pleine peau. Et si vous préférez un bon badge "Mort aux vaches" à une fresque urbaine, pas de problème : la deuxième passion de Benoît, c'est le punk !

Les Voûtes

19, rue des Frigos, 13e • M° Bibliothèque-François-Mitterrand

lesvoutes.org

TENDU COMME UN ARC • Sur le front de la contre-culture, Les Frigos se sont assagis, mais Les Voûtes portent haut le flambeau sacré des happenings alternatifs comme on les aime. Ce sont d'ailleurs des artistes des Frigos qui ont créé cette association en 1996, sans doute pour pallier la déficience de l'activisme culturel du vieux château. L'arrivée sur les lieux n'évoque pourtant pas vraiment l'underground le plus débridé : ce petit espace coincé entre Les Frigos et la rue offre un décor bucolique avec ses gros pavés dignes d'une place de village, ses arbres indolents, ses plantes grimpantes et son mobilier de récup façon squat berlinois. Une pause à la buvette avec une assiette à grignoter pousserait même plutôt au farniente, bercé par le bruit des voitures. Mais ne vous endormez pas ! Le soir venu, dans une des salles voûtées (d'où le nom !), il se passe toujours quelque chose : lecture, concert bizarre, poésie. Pour plus de précisions, une seule source : le site.

Art 42

96, boulevard Bessières, 17e • M° Porte-de-Clichy

Ouvert le mardi de 19h à 21h et le samedi de 11h à 15h, uniquement sur réservation via le site

art42.fr

LA RUE EST VERS L'ART • Un panneau interdit détourné par Clet Abraham, un DSK en pochoir sur un distributeur de préservatif par C215 ou un Andy Warhol signé Jef Aérosol sur un bout de palissade... Voilà un (tout) petit aperçu des 150 œuvres exposées à l'Art 42, seul musée de street art en France. Une précision s'impose toutefois : ce n'est pas vraiment un musée. En effet, pendant que le guide fournit des explications sur les artistes, des têtes vous observent en coin, cachées derrière d'infinies rangées de Mac géants. Car Art 42 se trouve fondu au sein de 42, l'école d'informatique "disruptive" lancée par Xavier Niel. On se promène donc dans la cafét de l'établissement, son hall d'entrée (doté d'une porte robot qui accueille les élèves par leur prénom) ou, donc, dans ses salles informatiques. Rassurez-vous, vous ne dérangerez pas de cours magistral, forme d'enseignement honnie. Ici, on fait du *peer to peer learning*...

Échomusée de la Goutte d'Or

21, rue Cavé, 18e • M° Château-Rouge
Tél. 01 42 23 56 56

Ouvert du mardi au samedi de 14h30 à 19h

Facebook : Echomusee - Goutte d'Or

LA GOUTTE N'EST PAS OUT • Le quartier change, pas Jean-Marc Bombeau ! Depuis 1989, ce plasticien modeste et taiseux tient son bout de Goutte d'Or. "Quand je me suis installé ici, il n'y avait pas de parc à côté, mais un terrain vague avec des moutons !" se rappelle-t-il. Depuis, l'embourgeoisement progresse lentement, mais lui tient le cap : ouvrir sa porte et ses cimaises à toutes les bonnes volontés artistiques locales dans une sorte de kibboutz arty hors normes (et à devanture jaune). Dans sa galerie au sol pavé, on croise donc des pointures du street art (M. Chat par exemple), des anonymes du pochoir, des peintres du quartier aux influences africaines... Le sous-sol cache même un studio d'enregistrement pour les combos du cru. Au petit comptoir, les régionaux de l'étape discutent du devenir de Paris. Qu'on se rassure, la Goutte ne dort pas du tout.

L'Aérosol

54, rue de l'Évangile, 18e • M° Porte-de-la-Chapelle
Tél. 01 34 18 86 83

Ouvert mercredi de 11h à 21h, jeudi et vendredi de 11h à minuit,
samedi de 11h à 2h, dimanche de 11h à 20h

laerosol.org

DE LA BOMBE • Un musée du street art, même légal, se doit d'être un peu cradingue pour garder sa crédibilité. Installé dans une friche SNCF couverte du sol au plafond de fresques, de tags et de pochoirs, l'Aérosol reste parfaitement dans le ton de cet art toujours un peu vandale. Bien sûr, à la place des tas de gravats et des herbes folles, on a maintenant des grandes tablées et des food trucks mais qui s'en plaindrait ? L'ancien entrepôt se retrouve coupé en deux : d'un côté une salle de concerts toute taguée et assez défricheuse, et de l'autre un "vrai" musée avec cimaises et éclairage pour découvrir les œuvres de maîtres (JonOne, Obey, Banksy...) sélectionnées par l'asso Maquis-Art (entrée 5 €). Petit bonus original : on peut y acheter une bombe et s'entraîner sur le sol de la terrasse !

Le Hasard Ludique

128, avenue de Saint-Ouen, 18e • M° Porte-de-Saint-Ouen
Tél. 01 42 28 35 91

Ouvert mardi et mercredi de midi à minuit, du jeudi au samedi de midi à 2h, dimanche de midi à 22h

lehasardludique.paris

ATTENTION AU NOUVEAU DÉPART • Cette vieille gare de feu la Petite Ceinture (arrêt Avenue-de-Saint-Ouen), abandonnée depuis 1934, doit sa belle rénovation et sa nouvelle vie de salle multiculturelle à un trio de jeunes entrepreneurs (Vincent, Flavie et Céline) bien dans leur époque. Au programme, on retrouve donc un financement participatif enthousiaste, un joli mobilier DIY à base de planches de medium et un engagement écocitoyen de tous les instants (électricité, frites de céleri et jus de fruits sont durables). La programmation révèle une belle énergie avec plus de 300 événements par an : ateliers, clubbing, concerts... Pour les plus calmes, direction la super terrasse sur le quai de la gare, pour siroter une bière (3,50 €) en contemplant les fresques de street art sur les murs le long des rails.

Le Shakirail

72, rue Riquet, 18e • M° Marx-Dormoy

Facebook : Le Shakirail

LOCAUX MOTIVÉS • Mine de rien, cet ancien vestiaire de cheminots SNCF est un vestige, un rescapé, le dernier squat encore actif d'un quartier où les friches artistiques pullulaient (le Théâtre de Verre, le Bois Dormoy, le Jardin d'Alice, El Gato Viejo...). La Chapelle s'est totalement transformée, notamment à travers la rénovation de la Halle Pajol, mais le Shakirail (oui, il y a un mystérieux rapport avec la chanteuse Shakira) reste sur sa voie, celle de la résidence artistique à la pointe. Dans les 1500 m² réhabilités par le collectif, une quarantaine d'artistes multidisciplinaires (musique, photographie, couture, sculpture...) aident au jardin et s'investissent en collaborant avec les assos du quartier. Une fois par mois, un vernissage s'organise dans la salle CP5, couverte de contreplaqué. Un bon moyen de découvrir cette scène underground avec une vue imprenable sur les rails de la gare du Nord.

DOC !

26, rue du Docteur-Potain, 19e • M° Place-des-Fêtes ou Télégraphe

doc.work

PREMIER DE LA CLASSE • Cette longue façade en brique abrite l'un des plus grands squats d'artistes de Paris. Ouvert au printemps 2015 dans un ancien lycée technique abandonné depuis une décennie, le DOC ! offre plus de 3 000 m² d'ateliers, de salles d'exposition et de répétition... Attention, ici, c'est du sérieux. Pas de punks à chiens au milieu des tags et des vieilles cannettes vides, mais plus de soixante jeunes artistes studieux accro à leur Macbook et leur salade de quinoa. Les lieux, entièrement rénovés à l'huile de coude, sont vite devenus un endroit propret, très couru, accueillant anciens des Beaux-Arts, artistes installés (le plasticien Pierre Ardouvin ou les commissaires d'exposition Thomas Boutoux et François Piron), et bénéficiant du soutien de poids lourds comme Daniel Buren... Bref, un squat bien né et destiné à durer, à visiter lors des vernissages mensuels. L'occasion de découvrir son incroyable jardin partagé !

La Gare XP

18, boulevard Sérurier, 19e • M° Porte-des-Lilas

garexp.org

SUR DE BONS RAILS • En onze ans d'existence, ce squat a beaucoup bourlingué, passé de la porte d'Orléans à la caserne de Reuilly avant de se stabiliser pour quelques années sur un bout de 19e en devenir. Le collectif d'une vingtaine d'artistes a investi les anciens immeubles d'habitation des gardiens du réservoir des Lilas (qui alimente en eau une partie de l'Est parisien). Sur deux étages au style joliment utilitaro-*seventies*, s'enchaînent les ateliers de peintres, de sculpteurs de métal, de vidéastes... Lors des portes ouvertes, beaucoup de familles investissent les lieux dans une chouette ambiance de quartier. La Gare XP a un projet dans ses cartons : ouvrir un café associatif et s'imposer encore plus fermement comme locomotive des bonnes vibrations du coin.

La Vache Bleue

25, quai de l'Oise, 19e • M° Corentin-Cariou
Tél. 01 40 35 66 75

Facebook : Espace Culturel La Vache Bleue

ARCHES ARTY • Un collectif d'artistes hétéroclites anime contre vents et marées cette friche culturelle logée dans un pont de la Petite Ceinture. Une douzaine de résidents travaillent sous les petites arches qu'ils ont entièrement retapées. Par chance, trop exigu pour intéresser le moindre promoteur, ce village troglodyte peinturluré ne risque pas grand-chose. Ici vibre une grande énergie créatrice, en particulier lors des vernissages régulièrement organisés dans l'étonnante enclave. L'une des voûtes, l'Étable de la Vache Bleue, sert de salle de spectacle où l'on peut assister de loin en loin à des lectures, des projections et des concerts d'artistes à la fois underground et originaires des antipodes (Pérou, Chili, Argentine...). Autant dire que le dépaysement est total.

Ourcq Blanc

29, rue de l'Ourcq, 19e • M° Ourcq

ourcqblanc.com

LE FEU SOUS LA GLACE • Ne dites pas squat, dites "espace de co-living éphémère dans un lieu intermédiaire". C'est certes plus long, mais cela correspond bien à la situation de ce kibboutz arty installé, avec la bénédiction de la propriétaire, dans un immeuble trapu et sans cachet (mais avec une âme !) du 19e. En attendant l'inévitable rénovation, les trois niveaux à faux plafond de polystyrène accueillent, dans une ambiance studieuse et des petits bureaux, une vingtaine de résidents : graphiste, architecte, couturier, réalisateur, imprimeur 3D... Le public, lui, ne peut accéder étonnamment qu'à la buvette bricolée du rez-de-chaussée et, surtout, au sous-sol vaste et haut (au moins 4 mètres sous plafond) qui sert de salle d'exposition, voire de concert, lors d'afters franchement expérimentaux et bruitistes.

Ateliers du Tayrac

66, rue Julien-Lacroix, 20e • M° Pyrénées
Tél. 06 71 49 25 87

Appeler avant de passer

yagoa.fr

L'AMOUR À LA PAGE • Cette boutique aussi verte que vieillotte héberge l'atelier parisien d'Yves Frémion (quand il ne s'ébroue pas dans un village de l'Aveyron). Si vous lisiez *Fluide glacial* au tournant du millénaire, ce nom vous dit forcément quelque chose : l'homme à la moustache de neige et aux phrases chantournées y publiait une nouvelle et une chronique de livres chaque mois. Si la période "Umour et Bandessinées" est terminée, Yves Frémion continue de se passionner, à son rythme, pour l'écologie, le théâtre, la poésie et le dessin de presse... Lorsqu'il ouvre son atelier, à l'occasion d'expos érudites, de lectures engagées ou de signatures d'ouvrages curieux, on peut trouver quelques incunables, tels que des numéros de *Papiers nickelés*, revue de référence sur le dessin imprimé, ou les magnifiques productions de l'Ouvroir de politique potentielle, comme les dates de l'histoire de France converties en euros (Marignan, par exemple, fait 233 € !).

Le Tampographe Sardon

4, rue du Repos, 20e • M° Alexandre-Dumas
Tél. 01 77 12 73 68

Ouvert le samedi de 11h à 19h

le-tampographe-sardon-blogspot.fr

ENCRÉE LIBRE • Sardon n'aime rien. Il n'aime ni les artistes, ni les enfants, ni ses voisins, et n'aime certainement pas les auteurs qui veulent parler de sa galerie-boutique dans un guide. Sardon a été dessinateur de presse pour *Libération*, mais il n'aimait plus ça non plus, alors il s'est mis à faire des tampons. Des pièces qu'il fabrique lui-même de A à Z, et qu'il vend dans son atelier gris souris (enfin, c'est plutôt la souriante Eva qui s'y colle). Sardon semble aimer ça parce qu'il s'y donne à fond et que c'est drôlement beau et original. On peut repartir avec des insultes trotskystes ("social traître") ou en japonais ("*hyottoko yarô*"), des insectes à assembler, des cow-boys tout nus, des doigts d'honneur géants... Et ça sert à quoi ? "À rien, comme toi", répond, sur son site, Sardon qui n'aime rien.

La Ferme du Bonheur

Arènes de Nanterre
220, avenue de la République • 92000 Nanterre • RER Nanterre-Université
Tél. 01 47 24 51 24

lafermedubonheur.fr

RÊVES AU MILIEU DU BÉTON • Inutile de se voiler la face, l'utopie baba cool n'a pas vraiment pris à Paris. Mais à Nanterre, si ! Entre le sévère utilitarisme des immeubles de la fac et le ressac de l'A86 voisine se cache un petit éden écolo derrière une porte flanquée de deux pianos disloqués. Un troupeau de chèvres, des paons, un chapiteau, des caravanes, des tables en bois au soleil, des barbus qui s'activent... On est à 200 mètres de la faculté de socio, mais on pourrait aussi bien être dans une communauté du Larzac. Cet hymne à la chlorophylle a été conçu et planté il y a plus de vingt ans par Roger des Prés, ancien chanteur des Endimanchés, sur un bout de terrain oublié des mauvais coucheurs et des promoteurs. Durant l'année scolaire, il est possible d'aller y manger à midi de très bonnes crêpes. Mais surtout, sous le chapiteau bricolé, se succèdent bals électro déglingués, lectures, pièces de théâtre... Car dans agriculture, il y a aussi culture.

La Villa, Mais d'Ici

77, rue des Cités • 93300 Aubervilliers • M° Aubervilliers-Pantin-Quatre-Chemins
Tél. 01 41 57 00 89

Ouvert du lundi au samedi de 8h45 à 19h

villamaisdici.org

ROME ARRANGÉE • Cette friche artistique installée depuis 2003 dans une ancienne usine de charbon fait partie des "lieux intermédiaires" – ni squat à l'arrache, ni institution ronronnante – qui animent la vie culturelle alternative du Grand Paris. Pour la Villa, c'est à Aubervilliers que ça se passe. Derrière le vaste portail carmin, plus de quarante résidents (musiciens, décorateurs, compagnie de théâtre, mais aussi designer 3D) travaillent dans une ambiance mi-studieuse mi-branquignole au milieu des murs en médium, des accumulations de vélos et des restes de ferronneries industrielles. Comme dit un voisin : "Quand la porte est ouverte, on sait qu'il y a une fête !"

Wonder

124, avenue Gallieni • 93170 Bagnolet • M° Gallieni

Facebook : Le Wonder

BUILDING EN FRICHE • Viré de l'ancienne usine Wonder à Saint-Ouen, ce collectif d'artistes a rebondi à Bagnolet dans un curieux immeuble de verre et de béton avec une vue imprenable sur le flux routier du périphérique et sur les tours Mercuriales, le modeste World Trade Center de l'Est parisien. Les résidents ont investi les cinq niveaux des anciens bureaux de la société Liebert, monté des murs, remis l'électricité et... payent un loyer d'occupation. On trouve là des studios de musique, une menuiserie, des ateliers de sculpture, une salle informatique et même un espace de tatouage qui accueille des artistes réputés. Le public peut profiter des expos monumentales sur le parking ainsi que du dernier étage avec une cantine bio et une super terrasse où des DJ animent parfois les après-midi.

Le Jardin d'Alice

19, rue Garibaldi • 93100 Montreuil • M° Robespierre

lejardindalice.org

REINE D'HACKERS • Une ancienne usine textile dans son jus utilitariste *eighties* est devenue le dernier lieu d'ancrage du Jardin d'Alice, squat artistique pluridisciplinaire nomade (qui fut voisin du Shakirail en 2010). La joyeuse bande y profite d'une importante portion de mètres carrés pour installer des ateliers (textile, bois, métal, son...), son café associatif à prix d'ami (bière artisanale à 2 €), sa galerie, tout ça au milieu des plantes, du mobilier de récup et des fresques de street art. Originalité de l'endroit : les deux *hackerspaces* où des barbus à casquette et ordi se plongent, fer à souder en main, dans des circuits imprimés. Le Jardin d'Alice respire le sérieux pour une expérience écolo-artistique durable. Ici, pas de concerts déglingués qui hérissent les voisins, mais un gentil "Café des enfants" un dimanche par mois, des Amap sans gluten et de sages portes ouvertes tous les mercredis.

Au Clos Sauvage

166, rue du Landy, 93210 Saint-Denis • M° Carrefour-Pleyel

Horaires selon événements

Facebook : Clos Sauvage

NOUVELLEMENT ÉCLOS • Après avoir été poussée hors d'Aubervilliers par la construction d'une énième "résidence de charme à 15 minutes de Saint-Lazare", l'équipe du Clos Sauvage a rebondi à Saint-Denis dans un lieu encore plus grand, un entrepôt sans âme mais avec de la place pour s'exprimer, posé milieu d'un parking au cœur d'une zone commerciale en déshérence. On ne vient pas ici pour le cadre mais pour la belle énergie que ces flibustiers urbains mettent dans leurs projets : concerts de soutien aux exilé.e.s, performance de graff, improvisations théâtrales, expos, bal tzigane... et barbecue ! Surveillez bien leur prolifique profil pour profiter de ces moments parfois bricolés, souvent exaltants et toujours sincères, avant la prochaine (et inévitable) expulsion.

Le 6b

6-10, quai de Seine • 93200 Saint-Denis • RER Saint-Denis
Tél. 01 42 43 23 34

le6b.fr

FRICHE ET CÉLÈBRE • Elle est loin, la période kibboutz à l'arrache de ce vieil immeuble de bureaux mastoc, ancienne propriété d'Alstom posée entre la Seine, la N14 et les voies de RER. Depuis 2010, le 6b est passé de résidence précaire d'artistes dionysiens à la rue (qui n'a pourtant jamais été un squat) à "hub interdisciplinaire" au cœur d'un écoquartier sortant de terre. Plus de 150 artistes, metteurs de scène, architectes, etc. bossent au quotidien dans cette ruche bricolée de 7 000 m². Dans les étages sont régulièrement organisés des vernissages très à la pointe. Les afters hédonistes menés par des collectifs de fêtards, qui ont forgé la célébrité du lieu, se font désormais plus rares ; mais un financement participatif réussi va permettre l'ouverture prochaine d'un café accessible à tous. Le 6b n'a pas fini de faire bouger Saint-Denis.

SoiXante AdaDa

60, rue Gabriel-Péri • 93200 Saint-Denis • M° Basilique-de-Saint-Denis
Tél. 01 42 43 72 64

Ouvert du mardi au vendredi de 15h à 20h, le week-end de 10h à 15h

60adada.org

L'ART AU GALOP • Les 220 m^2 de l'ancienne boutique désaffectée À la bonne graine ont été transformés en 2003 en un laboratoire d'expérimentations artistiques par une association qui carbure : l'AdaDa (pour Artistes des ateliers dionysiens associés). Mine de rien, vous êtes ici dans une des seules galeries d'art contemporain de Saint-Denis. La programmation de ce local brut de décoffrage avec murs grattés et grand hangar industriel dépote sérieusement : street art, photo, peinture, danse... Comptez sur plusieurs expositions par mois sans forcer. Une profusion et une diversité qui attirent une population très mélangée, typiquement dionysienne. Car l'association est très à cheval sur un principe : donner le plus de visibilité possible aux artistes de la ville. Histoire de sortir des clichés sur le "neuf-trois" et de s'aérer la tête.

Mains d'Œuvres

1, rue Charles-Garnier • 93400 Saint-Ouen • M° Porte-de-Clignancourt
Tél. 01 40 11 04 03

Ouvert du lundi au vendredi de 9h30 à minuit,
le samedi de 11h à minuit, le dimanche de 12h à 20h
Bar ouvert du lundi au vendredi, de 9h30 à 22h

mainsdoeuvres.org

STRATOSPHÉRIQUE ET PÉRIPHÉRIQUE • Depuis 2001, ce pseudo-squat (totalement légal) installé dans un ancien immeuble Valéo à l'aspect austère donne de bonnes raisons de dépasser la barrière du périph aux Parisiens amateurs d'alternatif, mais qui craignent de franchir de les limites de la capitale. Expos de graphistes pointus, concerts de musique improvisée, de post-punk dansant ou d'électro roumaine d'inspiration *eighties*, mais aussi atelier de chorégraphie berbère ou stage de cheerleader... on peut dire sans trop s'avancer qu'il n'existe pas grand-chose, dans la production artistique humaine, d'excessivement "décalé" pour ne pas trouver une place dans la programmation tête chercheuse de Mains d'Œuvres. Mention spéciale aux soirées dans l'espace Star Trek, une salle de cinéma d'époque, furieusement *seventies*.

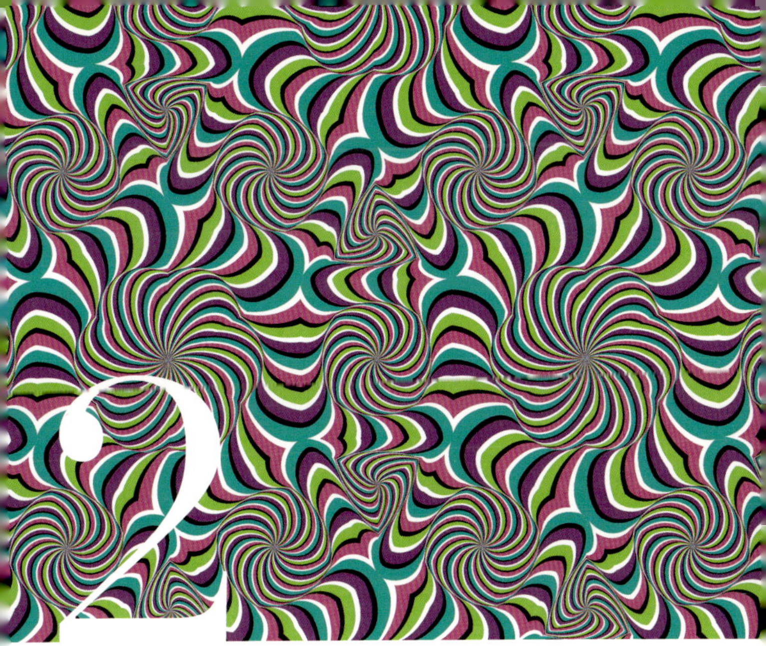

2

Lectures en marge et vidéos

C'est une blague de psychanalyste. Une nuit, un homme en voit un autre scruter le trottoir sous un réverbère. "J'ai perdu mes clés là-bas", explique l'homme en montrant un endroit plongé dans le noir, "mais je cherche ici parce qu'il y a de la lumière." Loin de vos lumineuses certitudes, suivez donc ces passionnés décalés dans la nuit de la nouveauté et trouvez-y les clés d'une autre réalité !

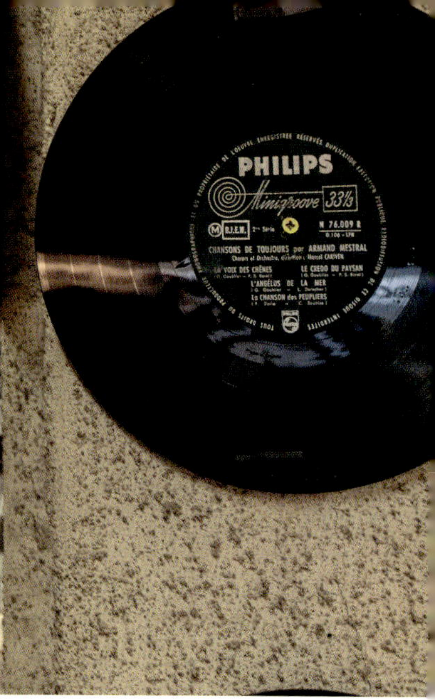

Parallèles

47, rue Saint-Honoré, 1er • M° Châtelet ou Les Halles
Tél. 01 42 33 62 70

Ouvert du lundi au samedi de 10h à 19h

Facebook : Librairie Parallèles

BIEN DANS LA MARGE • Parallèles est la preuve que les marges ne s'effacent pas avec le temps et qu'il est possible de tenir une ligne de conduite. Toujours fidèle à ses célèbres sacs dessinés par Frank Margerin, cette librairie est une véritable institution de la contre-culture depuis plus de quarante ans. D'abord rendez-vous des hippies en retour d'acide, puis repaire des punks à la recherche de galettes rares, elle est devenue peu à peu un lieu plus sage, mais toujours bien vivant, une sorte d'anti-Fnac rigolarde et libertaire apparemment imperméable aux soubresauts traversant le monde culturel. Le rayon des fanzines grandit, celui des vieux vinyles stagne, mais la boutique continue. Où trouver le dernier numéro de la revue d'ultragauche *Théorie communiste*, un livre iconoclaste sur la *Vie sexuelle de Blanche-Neige*, un vieux vinyle de Magma ou les DVD de Pierre Carles ? Chez Parallèles, bien sûr !

Shakespeare and Company

37, rue de la Bûcherie, 5e • M° Saint-Michel
Tél. 01 43 25 40 93

Ouvert du lundi au samedi de 10h à 23h, le dimanche de 11h à 23h

shakespeareandcompany.com

LOVE OF THE BEAT • Malgré les beatniks en maison de retraite, malgré les foules de touristes venus prendre des photos en douce et malgré l'ouverture (sacrilège, mais ô combien plaisante) d'un café, cette librairie reste un lieu à part, une fenêtre encore entrebâillée sur le Paris de l'après-guerre, alors capitale culturelle mondiale. Il faut monter au premier étage, celui de la poésie, pour ressentir, presque soixante-dix ans après, l'ambiance de ce rendez-vous de la Beat Generation orchestré par George Whitman, amis des artistes. Des rayonnages chaotiques de vieux ouvrages (tous en anglais), des banquettes où les voyageurs sans le sou pouvaient dormir, un sol de vieilles tomettes et un parterre de jeunes chevelus perdus dans leur lecture... on s'attendrait presque à entendre Ginsberg ou Burroughs déclamer des vers !

Un Regard Moderne

10, rue Gît-le-Cœur, 6e • M° Odéon
Tél. 01 43 29 13 93

Ouvert du lundi au samedi de 14h à 19h

Facebook : Un Regard Moderne

VIGIE DE L'UNDERGROUND • Miracle ! Un Regard Moderne a rouvert un œil ! Le décès de Jacques Noël, emblématique maître des lieux, n'a pas signé la fin de cette mythique librairie, créée en 1991 et ouverte à tous les courants alternatifs. C'est Jean-Pierre Faur, éditeur et gérant de la boutique, qui reprend la barre après quelques aménagements. Fini l'invraisemblable capharnaüm qui régnait, les murs de livres, les colonnes de parutions où seul Jacques Noël semblait s'y retrouver... Un bon coup de ménage a permis d'y circuler de nouveau, d'installer un espace d'exposition et de se recentrer sur ses sujets de prédilection (en gros : l'avant-garde graphique). Le fonds reste assez incroyable. Si vous cherchez un incunable underground imprimé au siècle dernier, c'est ici qu'il faut venir !

Fantasmak

17, rue de Belzunce, 10e • M° Poissonnière
Tél. 01 48 78 72 44

Ouvert du mardi au samedi de 15h à 19h

fantasmak.com

LES GRANDS DES PETITS COMICS • Dans les années 1950, il y avait la BD "correcte", à l'instar de *Spirou* ou *Tintin*, et puis les auteurs plus alternatifs, hors de la ligne claire. Ceux-là se lâchaient dans des petits illustrés au mauvais papier, les *Kiwi*, *Swing* ou *Mandrake* qui squattaient les kiosques... À présent, ils se retrouvent dans la petite boutique de Gérard Thomassian, ancien professeur de maths, spécialiste compulsif et auteur de plusieurs monographies sur le sujet. "Personne ne me bat dans ce domaine, je les collectionne depuis plus de quarante ans !" assène-t-il, intarissable sur sa passion. Du sol au plafond s'empilent des spécimens de tous les styles : des faux *Zorro*, des pseudo *Tarzan*, les premiers super-héros... voire des illustrés un peu olé olé. Les prix montent jusqu'à 400 € pour le premier *Akim*. Tout un pan d'une culture populaire au bord de l'oubli.

Re:Voir

43, rue du Faubourg-Saint-Martin, 10e • M° Strasbourg-Saint-Denis
Tél. 09 54 22 51 11

Ouvert du lundi au vendredi de 11h à 18h, le samedi de 12h à 18h

re-voir.com

DRÔLE DE BOBINES • Il est possible que le nom de Pip Chodorov, cinéaste new-yorkais quinquagénaire, ne vous soit pas familier. Un de ses faits d'armes ? La création, en 1994, de cette curieuse boutique parisienne qui défend bec et ongles le cinéma alternatif et expérimental le plus radical. Sous le regard fixe de plusieurs projecteurs en décor, l'amateur de films vraiment bizarres y trouve des VHS ou des DVD de réalisateurs qui ont rarement les honneurs des multiplexes : Maya Deren, David Perlov, Adolfo Arrieta, Iimura Takahiko... rien que des jusqu'au-boutistes s'ingéniant à déconstruire la narration à grands coups de collages singuliers, de pellicules grattées et de disjonction totale entre son et image... et assez peu d'*happy ends*. Re:Voir, très attaché au celluloïd, propose également la location de projecteurs et des ateliers de pratique argentique dans une ultime résistance au tout numérique.

Hors-Circuits

4, rue de Nemours, 11e • M° Oberkampf
Tél. 01 48 06 32 43

Ouvert du mardi au samedi de 12h à 20h

horscircuits.com

SANCTUAIRE DU CULTE • "Nous voulons casser les ghettos culturels, ici pas de genre mineur !" déclare, enflammé, Patrice, vendeur chez Hors-Circuits, sanctuaire bleu ciel des films obscurs et des vidéastes oubliés. Dans cette petite boutique, pas moins de 4 000 titres à la vente et 1 600 à la location (oui, comme au XXe siècle) ! Si vous cherchez un film moldave de kung-fu ou un documentaire des années 60 sur les vampires travestis, vous le trouverez sans doute ici. Et si par malheur il n'y est pas, vous pourrez mettre en branle le service de recherche gratuit de la boutique. Le réseau international de cinéphiles établi par Stéphanie Heuze, la patronne, laisse Google dans les cordes. "Les vendeurs des grandes surfaces culturelles nous envoient plein de clients !" rigole Patrice, lui-même vidéaste de la marge.

Thé Troc

52, rue Jean-Pierre-Timbaud, 11ᵉ • M° Parmentier
Tél. 01 43 55 54 80

Ouvert du lundi au vendredi de 9h30 à 12h, puis de 14h à 20h,
le samedi de 10h à 12h, puis de 14h à 20h

Facebook : Thé Troc

RETOUR DES INDES • Le concept de “forteresse hippy” sonne comme un curieux oxymore ; pourtant, difficile de penser autre chose lorsque l’on pousse la porte fatiguée de l’antre de Férid, le taulier moustachu, héraut de l’underground depuis 1981. Cette librairie-disquaire alternative propose aussi bien l’*Éloge de la paresse*, des journaux d’ultragauche, de vieux *Métal hurlant* (dépêchez-vous, il n’en reste plus beaucoup), que l’intégrale des *Freak Brothers*, éditée par la maison, un shilom ou un vinyle de Magma. Si vous n’avez pas trouvé votre bonheur dans les bacs anarcho-érotiques, allez donc vous détendre sur un kilim au salon de thé (carte pléthorique à partir de 3,50 €) pour un moment hors du temps qui devrait vous évoquer l’époque où vos (grands-)parents avaient les cheveux longs et les idées larges.

Violette and Co

102, rue de Charonne, 11e • M° Charonne
Tél. 01 43 72 16 07

Ouvert du mardi au samedi de 11h à 23h30, le dimanche de 14h à 19h

violetteandco.com

DES LIVRES EN TOUS GENRES • Derrière Violette, il y a deux femmes. En 2004, et en pleine reconversion, Christine et Catherine décidaient de pourvoir Paris d'une librairie engagée dans les causes LGBT et féministe. En 2017, celle-ci est toujours bien installée dans le paysage. Outre une sélection assez exhaustive de revues militantes, d'essais en sciences humaines, de polars et de romans autour du genre, des sexualités et des droits des femmes, Violette and Co offre un espace d'exposition, de rencontres avec des auteur(e)s et des conférences quasi hebdomadaires. Le rayon jeunesse, particulièrement riche, offre aux parents, homo ou pas, des livres de qualité et non sexistes. Par contre, si vous cherchez un bouquin de cuisine... passez votre chemin !

Khiasma

15, rue Chassagnolle • 93260 Les Lilas • M° Mairie-des-Lilas
Tél. 01 43 60 69 72

khiasma.net

VIDÉO ET DÉBATS • Derrière la porte rouge de cette tranquille rue des Lilas bordée de cerisiers, se trouve une drôle d'association, un mini-centre d'art vidéo qui réussit à faire le grand écart entre les scolaires du quartier et des vidéastes internationaux comme Ismaïl Bahri, Filipa César ou Marta Popivoda. Installée en 2001 dans une imprimerie désaffectée, laissée dans son jus industriel, Khiasma a réussi à laisser son empreinte en organisant des projections et des débats sur des œuvres plutôt pointues, en présentant des restitutions d'ateliers d'électronique ou d'érudites discussions avec des théoriciens de l'art. Olivier Marbœuf, ancien graphiste à l'origine du projet, y présente les lundis les productions de sa plate-forme Phantom, consacrée aux nouvelles écritures cinématographiques. Du très sérieux, donc.

La Presse de Saint-Ouen

56, rue des Rosiers • 93400 Saint-Ouen • M° Garibaldi
Tél. 06 73 63 48 63

Ouvert le jeudi de 10h à 19h, du vendredi au samedi de 11h à 19h,
le dimanche de 11h à 18h

Facebook : La Presse de Saint Ouen

PRESSE QUI ROULE • Une enseigne “librairie journaux” en lettrage années 1950, une vitrine avec des magazines... En n’y prenant pas garde, on se dit que voilà une maison de la presse de plus. Puis, à y regarder de plus près, les titres mis en avant mettent la puce à l’oreille : *Gonzaï*, *Graffiti Art*, *Rockyrama*... Pas l’ombre d’un *Télé 7 Jeux* ou d’un *Elle Décoration*. Pierre, qui a repris en 2011 cette ancestrale boutique, a une idée bien à lui du métier : indépendant, défricheur et ne travaillant “qu’avec des prestataires corrects”. Fini les quotidiens et les titres habituels ! En plus de la collection de magazines indé et arty, on trouve ici des vinyles, un petit coin librairie (évidemment pointu), des plantes à vendre. Au premier, un petit salon de thé meublé comme un salon *sixties*, où se déroulent des expos et des causeries. Le vrai renouveau du quartier !

Sons rebelles

L'underground et la musique partagent bien plus qu'un verre à dents dans le grand appartement de la création artistique. Les musiques à contre-courant sont foncièrement underground, et l'underground qui compte s'acoquine forcément avec des musiciens complices. Dans ce grand ballet décadent, les spectateurs qui veulent être là où ça se passe doivent savoir où laisser traîner leurs oreilles et dégotter leurs vinyles ! Oubliez le net, allez chez les disquaires...

Serpent à Plume

24, place des Vosges, 4e • M° Chemin-Vert ou Bréguet-Sabin
Tél. 07 67 07 08 68

Ouvert du mercredi au dimanche de 10h à 2h

Facebook : Serpent à Plume

BAR BIZARRE • Au premier abord, cela se présente comme une boutique arty sous les arcades de la très chic place des Vosges. Certains peuvent s'étonner du positionnement très (très) pointu puisque le lieu ne propose que des pyjamas en velours façon lord anglais ! Le meilleur se trouve au sous-sol, dans une immense cave voûtée, un speakeasy qui a tout du QG de méchant dans *James Bond* (période Sean Connery) avec un mélange étonnant de mobilier vintage et d'antiquités signé Vincent Darré : un canapé chenille de Sede blanc côtoie des tables laquées noires et des sculptures incas millénaires... Un groom en uniforme bleu canard apporte des cocktails fumants, des créatures court vêtues diffusent une bande-son des années 1980. Difficile d'échapper à l'impression d'être dans un film de Wes Anderson !

Victor Kiswell

7, cité Hittorf, 10e • M° Jacques-Bonsergent

Sur rendez-vous au 06 88 56 83 41

PÉPITE CACHÉE • Funk allemand, rock psychédélique français ou incunable cumbia... il y a tout ce que vous ne cherchez pas chez Victor Kiswell (un pseudo inspiré d'un obscur label de disco parisien des *seventies*), le plus pointu des disquaires sur la période 1965-1985. Une pointure mondiale puisqu'il a fourni pendant longtemps des producteurs de rap US à la recherche de samples juteux et des collectionneurs japonais de groove européen ! S'il n'est pas dans un souk à marchander des galettes inconnues, Vincent vous accueille chez lui, dans sa grotte bourrée de vinyles rares. Prenez rendez-vous, discutez un peu avec lui et, si ça colle, partez pour un voyage sonore halluciné. « Je choisis mes clients mais, du coup, ils sont choyés ! » Sa force : dénicher des pépites des genres méprisés. Oui même de zouk.

Born Bad

11, rue Saint-Sabin, 11e • M° Bréguet-Sabin
Tél. 09 53 07 84 58

Ouvert du lundi au samedi de 12h à 19h30

Facebook : Born Bad Recordshop

TITI ET GOMINÉ • Born Bad, ça déménage ! Physiquement déjà : la boutique a quitté la rue Keller de ses origines pour ce local tout en vitrine depuis 2013. Mélodiquement ensuite, car la spécialité n'a pas varié d'un pouce ; ici, la musique ne se conçoit qu'avec un trio guitare/basse/batterie et pas mal de colère. On y dégotte donc du rock, du punk et tout ce qui oscille entre : doo-wop, garage, surf, psychobilly… Dans les bacs se pressent (en vinyles, naturellement) des raretés *sixties* telles que les œuvres du moustachu Barış Manço, une compilation rockabilly illustrée par une stripteaseuse mamelue ou un coffret tout bois des punks de Discipline… La production fait la part belle aux labels indépendants et aux combos confidentiels, ce qui attire moult rockers tatoués en chemisette hawaïenne dans cette parenthèse sonique barbelée.

Souffle Continu

22, rue Gerbier, 11e • M° Philippe-Auguste
Tél. 01 40 24 17 21

Ouvert du lundi au samedi de 12h à 20h

soufflecontinu.com

POUR S'AÉRER LES OREILLES • Où trouver un bon vinyle de musique réductionniste, de rock progressif signé Richard Pinhas ou des roucoulades hérissées des punks de Mary Poppers ? Au Souffle Continu, bien sûr. Depuis 2009, la boutique orange fait souffler (en continu) le vent de la découverte sonore et du défrichage auditif. Dans ce temple de la musique expérimentale au sens très large, presque pas de CD, quelques cassettes et des labels indépendants. "On ne travaille qu'avec des artisans du disque", expliquent Théo et Bernard, les tauliers, érudits et militants, qui ont lancé leur propre label de réédition et d'archivage. Ils courent aussi les festivals et organisent des *showcases*. Bref, des gars qui font vraiment vivre la musique.

Tai You

44, avenue d'Ivry, 13e • M° Olympiades
Tél. 01 45 86 23 88

Ouvert du mardi au samedi de 10h à 19h, le dimanche de 10h à 18h

taiyou.fr

EN CORÉE ENCORE • Bigbang, BTS ou Winner... cela vous dit quelque chose ? Non ? Alors il semble que vous ayez besoin d'une sérieuse remise à niveau en K pop (prononcer "Kaypop"), ce courant musical de boys bands coréens qui fait fureur à Séoul... et chez les ados français traînant dans les couloirs du centre commercial Olympiades. Pour cela, une seule adresse : chez Tai You. Dans cette boutique étonnante et tonitruante, le fan pourra trouver tout pour assouvir sa passion : les albums (vendus par wagons en Corée du Sud), mais aussi des posters de toutes tailles de ces virtuoses de la mèche dans les yeux, des stickers pour ongles ou... un bouchon anti-poussière pour son téléphone. La panoplie du fan de K pop comprend également une peluche Hello Kitty grosse comme un matelas et les derniers *shonen* (mangas destinés aux ados).

Garage MU

45, rue Léon, 18ᵉ • M° Marcadet-Poissonniers
Tél. 01 42 58 08 98

mu.asso.fr

COURANTS ALTERNATIFS • Depuis 2004, le mystérieux collectif MU pulse dans Paris des événements artistiques décalés, principalement à base de musique électronique audacieuse, d'installations sonores expérimentales et d'impertinents concerts alternatifs. Le succès aidant, ils s'activent un peu partout dans Paname, mais il faut aller les voir dans leur base d'origine, un garage rangé des voitures au cœur de la Goutte d'Or. Derrière la vaste porte coulissante, une salle de concert réduite aux acquêts : une mini-scène, trois spots, des murs en parpaings bruts et du gros son. Dans cet antre minimal, s'ébroue une faune alternative allant du hipster à bonnet au vieux rocker à perfecto personnalisé. L'entrée comprend 3 € de frais d'adhésion. Welcome sur le continent MU.

La Marbrerie

21, rue Alexis-Lepère • 93100 Montreuil • M° Mairie-de-Montreuil
Tél. 01 43 62 71 19

lamarbrerie.fr

BRUTS DE DÉCOFFRAGE • Ne vous fiez pas aux apparences. Ce vaste espace dépouillé où les parpaings nus côtoient charpente apparente et béton brut n'est pas un squat, mais une salle de concert tout à fait légale et retapée en septembre 2016. Derrière ce nouveau lieu culturel de Montreuil se trouvent les architectes François Pin et Catherine Bizouard, qui n'en sont pas à leur coup d'essai en matière de friches industrielles (comme la carrière de Normandoux vers Poitiers). À La Marbrerie, l'ambiance se montre heureusement bien plus chaleureuse que les matériaux employés ! Alors que ça danse en contrebas sur des sets de DJ ou de la *world music* de qualité, on peut s'installer autour de massives tables en marbre pour picorer une bonne cuisine familiale (11 €) accompagnée d'une bière artisanale (3,50 €). La programmation foisonnante (ciné-concerts, bals…) attire toute la frange des trentenaires branchés de Montreuil et des Parisiens audacieux. Autant dire que ça commence à faire du monde !

Instants Chavirés

7, rue Richard-Lenoir • 93100 Montreuil • M° Robespierre
Tél. 01 42 87 25 91

instantschavires.com

MUSIQUE À LA RENVERSE • Non, non, non, Montreuil n'a pas attendu l'ouverture de La Marbrerie pour s'inscrire sur le carnet de bal des amateurs de lieux à la marge et de productions décalées (ou le contraire). Depuis 1991, la ville héberge l'une des salles de concert les plus avant-gardistes de France. Cet endroit à la déco inexistante offre une programmation en or massif pour le mélomane féru d'alternatif. Il a pu y entendre, entre autres, le rock sombre et canadien de Godspeed You! Black Emperor, les expérimentations sonores cultes de Sister Iodine ou de la musique traditionnelle sahraouie revisitée par Group Doueh. À ce niveau, on ne parle plus de salle de concert, mais de laboratoire musical en surchauffe ! D'autant que, pour s'offrir une expérience culturelle totale, le spectateur, plutôt trentenaire curieux qu'ado surexcité, a droit, avant les lives, à une projection d'œuvres de vidéastes émergents, et que l'annexe de la salle, l'ex-brasserie Bouchoule, a été transformée en galerie visuelle et sonore tout aussi pointue.

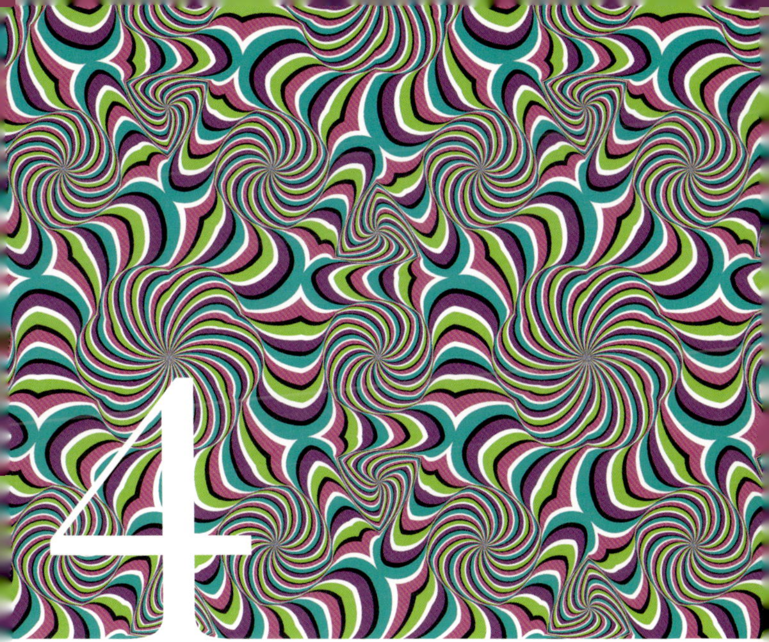

4

Anars, situs : la lutte continue !

Cinquante ans plus tard, on peut dire que Guy Debord, dans sa *Société du spectacle*, avait tout juste. Nous sommes à la fois acteurs et metteurs en scène, victimes consentantes d'un spectacle omniprésent, abrutissant et cacophonique… Heureusement, il existe des lieux pour décrocher, des parenthèses de réflexion, de modestes agoras où se pense un autre monde.

59 Rivoli

59, rue de Rivoli, 1er • M° Châtelet

Ouvert du mardi au dimanche de 13h à 20h

59rivoli.org

EN PLEIN CENTRE • Le secret de la longévité de ce bel immeuble haussmannien occupé à la hussarde depuis 1999 par l'asso Chez Robert, électron libre ? La légalité tout simplement : la Ville a racheté les lieux en 2002 et permis à la trentaine d'artistes (dessinateurs, graffeurs, peintres...) de continuer à créer sereinement dans leurs ateliers répartis sur cinq étages au milieu des magasins de vêtements de la rue de Rivoli. La visite vaut vraiment le coup car cette légalité immobilière n'a pas entamé la furie créatrice des locataires qui déborde sur la façade ou dans l'incroyable escalier entièrement repeint par des street artistes de renom. Et comme il n'y a pas que les arts visuels dans la vie, tous les week-ends (sauf l'été), à 18h, un concert (pop, électro, jazz mutant...) est donné au rez-de-chaussée.

Librairie des éditions Ivrea

27, rue du Sommerard, 5e • M° Cluny-La-Sorbonne
Tél. 01 43 26 06 21

Ouvert du jeudi au samedi de 15h à 19h

editions-ivrea.fr

LE SÉRIEUX DE LA SITUATION • Ça ne rigole pas dans ce temple de la littérature situationniste, révolutionnaire et sociale. Ici, pas d'affiche rouge et noir ni de “Chant des partisans” à fond. Chez Ivrea, tout respire la sobriété, des robustes bibliothèques en chêne aux ouvrages aux couvertures monochromes. Le fonds de la maison provient des éditions Champ libre, créées en 1969 par un fidèle ami de Guy Debord, Gérard Lebovici, assassiné en 1984 à Paris. Sa femme, puis aujourd'hui ses fils, ont repris les rênes de la société, rebaptisée Ivrea. Outre les classiques de Marx, Bakounine ou Orwell, vous pourrez vous y procurer quelques trésors comme le best-seller maison, *Les Habits neufs du président Mao*, face cachée de la vie du leader chinois analysée par Simon Leys. Si les monographies sur l'hégélo-marxisme vous semblent un peu arides, sachez qu'on y trouve aussi la correspondance de Groucho Marx...

Lady Long Solo

38, rue Keller, 11e • M° Bastille
Tél. 09 52 73 81 53

Ouvert tous les jours de 10h à 22h

ladylongsolo.com

ATTENTION, LIEU CULTE • Cette innocente façade bleu tendre est le QG d'une des dernières figures de l'underground parisien. Michel Sitbon, véritable maquisard écolo-libertaire, se bat depuis des années contre tous les impérialismes à coups de livres engagés. Si son père a fait fortune dans le Minitel rose, ce placide enragé, lui, crée des maisons d'édition rouge et noir (L'Esprit frappeur, les éditions du Lézard et Dagorno), milite en faveur de la cause verte et monte des partis pro-cannabis. Si vous êtes en quête de revues alternatives sur le Chiapas ou le Rwanda, de monographies sur le revenu universel ou de shiloms en attendant la dépénalisation, vous frappez à la bonne porte. Si vous voulez juste discuter dans une bonne odeur de weed, il y aura toujours quelqu'un avec du temps pour vous écouter.

Librairie Publico

145, rue Amelot, 11e • M° République ou Filles-du-Calvaire
Tél. 01 48 05 34 08

Ouvert du lundi au vendredi de 14h à 19h30, le samedi de 10h à 19h30

librairie-publico.com

ANAR DE VIVRE À LA FRANÇAISE • L'anarchisme se porte bien, merci (même si le taulier regrette un peu les grandes heures du XIXe siècle). Si vous en doutez ou souhaitez simplement savoir ce que mijotent les disciples de Bakounine, faites donc un saut dans cette librairie, vitrine de la Fédération anarchiste depuis 1959. Avec une admirable constance dans ce monde mouvant, elle n'a pas quitté cette adresse depuis 1981. C'est dire si elle en a vu défiler, des t-shirts du Che ! Outre des rayons politiques très fournis, on y trouve, bien rangés (car "anarchie" ne signifie pas "boxon" !), de nombreux romans policiers, des BD, ainsi qu'un impressionnant mur de publications à la limite de la clandestinité, toujours sur le thème du mouvement ouvrier et de l'autonomie. C'est, évidemment, Radio libertaire et sa sélection punk aussi musclée qu'engagée qui s'occupe du fond sonore.

NI VIEUX, NI MAÎTRES !

Ne vous laissez pas berner par la modeste taille des locaux ou la jeunesse toute relative des permanents. Ici brûle toujours la flamme intense (et éternelle, n'en doutons pas) de la Commune de Paris, cette insurrection populaire de quelques mois, réprimée dans le sang, en mai 1871, sous les balles de l'armée française, tandis que la Butte-aux-Cailles était le théâtre d'une résistance acharnée de la part des insurgés. L'association a été créée en 1882 par les communards fraîchement amnistiés (ce qui en fait l'une des plus anciennes de France). Autant dire que les spécialistes les plus affûtés de la question se trouvent ici depuis un bout de temps ! Ils sauront vous renseigner sur la vie et l'œuvre de Louise Michel, sur Auguste Blanqui, Édouard Vaillant ou... Amilcare Cipriani (moins connu). Vous pourrez repartir avec moult plaquettes et, sans doute, l'envie de découvrir les vestiges du Paris communard, véritable laboratoire des idées socialistes.

ASSOCIATION DES AMIES ET AMIS DE LA COMMUNE DE PARIS 1871

46, rue des Cinq-Diamants,
13e • M° Corvisart
Tél. 01 45 81 60 54
Ouvert du lundi au vendredi
de 14h à 17h30
commune1871.org

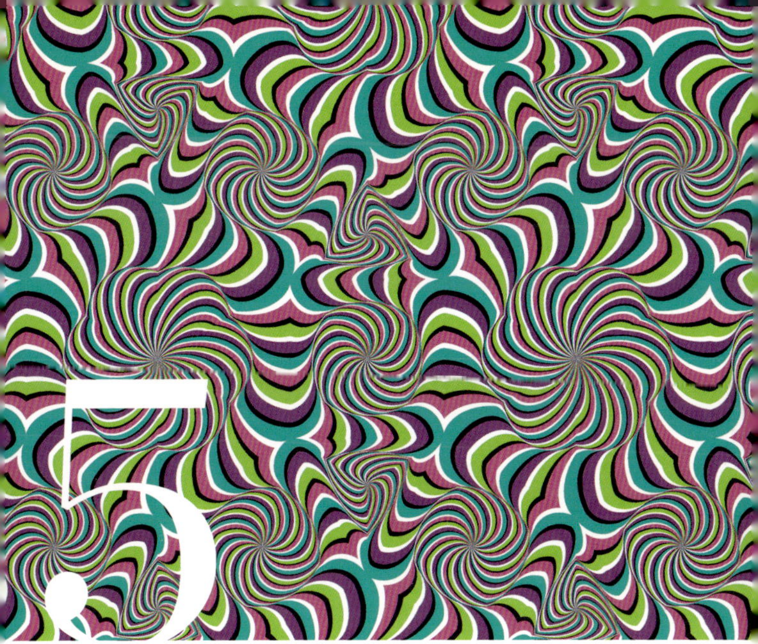

5

Bouis-bouis, bars et boîtes à part

Les adresses clonées, les franchises mondialisées et les comptoirs sans imagination étouffent la nuit comme les algues vertes, le littoral breton. Mais réjouissons-nous, dans les recoins urbains, protégés des contraintes comptables et des modes par on ne sait quel petit miracle, se trouvent encore des bars complètement décalés, des clubs de l'extrême qui distillent sous la lune ambiances folles, salutaires moments de n'importe quoi et grandes bouffées d'humanité…

BOUIS-BOUIS

Au Parloir du Colombier

9, rue du Vieux-Colombier, 6e • M° Saint-Sulpice
Tél. 09 79 06 44 34

Ouvert du mercredi au samedi de 12h à 19h30

Facebook : Au Parloir du Colombier

ENTREZ DANS LA PAIX • Bienvenue dans une parenthèse de silence et d'ascétisme au milieu de l'épuisante opulence de Saint-Germain et de sa cohorte de boutiques de vêtements. Sous le regard de la Vierge et de quelques autres saints moins bien cotés, vous pourrez faire un point spirituel en buvant un thé ou manger une bonne quiche maison à un prix d'un autre temps (ou, en tout cas, d'un autre quartier). La seule musique de cette cantine familiale sera celle d'un carillon qui sonne, comme de juste, tous les quarts d'heure. Depuis 1989, une association catholique, mais pas prosélyte, le Cercle de l'Aréopage, occupe cette petite pièce décorée comme un chalet des années 1970 (lambris et tapisserie tartan moche). Le secret du Cercle : le propriétaire des murs l'héberge gracieusement. Tant que ça dure, les modestes retraités du coin, les profs des écoles alentour et vous pourrez profiter de cette oasis anachronique.

Cantine de la Maison de la Culture Arménienne

17, rue Bleue, 9e • M° Cadet
Tél. 01 48 24 63 89

Ouvert du lundi au samedi de 12h à 15h, puis de 19h à 21h

INVISIBLE, MAIS VRAIE • Cette lourde porte cochère bleue comme la rue sert de sas de téléportation pour Erevan. Au fond de la cour, au premier étage d'un immeuble XIXe, se trouve l'incroyable cantine de M. et Mme Arakelian. Sous la lumière un peu fruste des néons et les regards broussailleux des penseurs de l'indépendance arménienne accrochés au mur (à côté de quelques cartes du pays réalisées en canevas), vous vous régalerez – selon le jour – d'aubergines farcies, de raviolis au bœuf ou de brochettes de poulet (12 €), servis par la charmante patronne dans une ambiance franchement familiale. Les éclats de voix des vieux Arméniens habitués du lieu couvrent les titres du journal de 13h. Les prix imbattables et la non-déco inimitable donnent l'impression de déjeuner dans le self d'un kolkhoze au milieu des années 1980, et c'est ça qui est bon...

Chez Bob de Tunis

10, rue Richer, 9ᵉ • M° Bonne-Nouvelle
Tél. 01 45 23 51 79

Ouvert du lundi au vendredi et le dimanche de 8h30 à 20h

RADE SÉFARADE • Oubliez les burgers trop vus, les paninis raplapla et autre pita-salade-tomate-oignon grecque d'une banalité à pleurer. Direction le cœur de Paris pour découvrir Bob de Tunis. Derrière cette vitrine hors d'âge, on trouve l'immarcescible Bob, l'un des derniers "casse-croûtiers" de Paname, en poste à son comptoir depuis plus de trente ans. Depuis cette minuscule boutique croulant sous les bibelots du bled et les photos de boxeurs en noir et blanc (notre taulier boxait lui-même dans sa jeunesse), Bob délivre prestement son casse-croûte "Tune" (pour tunisien), gros comme un ballon de handball, avec pain blanc, thon à l'huile savoureux, légumes marinés, citron confit et harissa maison (10 €). Faites couler ce morceau de Méditerranée (casher) avec une bière Maccabee directement importée d'Israël (3 €). L'addition comprend naturellement les discussions en arabe/hébreu/français des habitués. Bref, vous voilà parti bien loin !

La Commune – Café Associatif

3, rue d'Aligre, 12e • M° Ledru-Rollin • Tél. 01 43 41 20 55

www.cl-aligre.org

ALIGRE COMME L'AIR • Accolé à la Maison des Ensembles, le centre d'animation culturelle de la Ligue de l'enseignement, ce discret café associatif s'avère un chouette endroit où se poser pour un café à prix d'ami (1 €) tout en découvrant une petite expo photo, où se lancer dans un jeu de société, puis refaire le plein de flyers d'ultragauche. Derrière le comptoir en mélaminé, sont parfois préparés des repas (quand des cuisiniers volontaires se présentent) avec des assiettes maison autour de 9 €. Vous pourrez aussi prendre une bière (2 €) et continuer de discuter du scandale du gaz de schiste ou de la ZAD de Notre-Dame-des-Landes. Par ailleurs, le lieu déborde d'activités indiquées sur le site : lecture, atelier couture, poésie…

Le Drapeau de la Fidélité

21, rue Copreaux, 15e • M° Volontaires
Tél. 01 45 66 73 82

Ouvert du lundi au samedi de 11h30 à 22h

Facebook : Le Drapeau de la Fidélité

OUI AU BOUI-BOUI ! • La guerre a poussé M. Pham Cong Quan à quitter Saigon et les études de philosophie en 1976. L'homme aux moustaches cirées a alors bizarrement bifurqué en 1985 vers la limonade parisienne. Pas en créant un bête PMU, mais un bar-cantine-bibliothèque unique à Paris. Pour sa déco d'abord : des parois lambrissées façon chalet, des guirlandes multicolores et quelques croûtes, du mobilier de jardin, des tables posées çà et là... Ensuite, pour les rayonnages de livres courant sur tous les murs (on ne refait pas un ancien prof de philo !). Les sujets se révèlent très variés : *Pour la réforme de l'entreprise*, par exemple, ou une biographie de Poincaré, mais aussi des ouvrages du patron très porté sur le "capitalisme humanitaire" (demandez-lui des explications, il adore). Côté nourriture terrestre, on trouve un *bobun* à prix cadeau, à faire couler avec une bière pas chère, en compagnie des piliers de bar et des jeunes du quartier.

Le Cirque Électrique

Place du Maquis-du-Vercors, 20e • M° Porte-des-Lilas
Tél. 09 54 54 47 24

Ouvert du mardi au vendredi de 11h30 à 15h, en soirée du mercredi au samedi de 18h à 2h, le dimanche de 16h à minuit

cirque-electrique.fr

CHAPITEAU PUNK • Bonne nouvelle : les terrains gagnés en couvrant le périph autour de la porte des Lilas n'ont pas servi à construire des immeubles de bureaux, mais... un cirque. Un vrai cirque avec son chapiteau carmin, où s'organisent cours pour les scolaires et happenings politico-poétiques. Adossé à ce Cirque Électrique, qui s'ouvre volontiers aux concerts punk ou aux festivals déviants, se trouve Le Nouveau Tigre, un resto-bar inclassable installé dans une ancienne caravane de bal avec parquet, murs à paillettes et petits box latéraux. Un écrin assez kitsch qui commence à vivre dès l'apéro (du midi) en terrasse, au milieu des plantes et des acrobates tatoué(e)s en pause, et continue à la nuit tombée lors de soirées ponctuelles.

Chez Carmen

53, rue Vivienne, 2e • M° Richelieu-Drouot ou Grands-Boulevards
Tél. 01 42 36 45 41

Ouvert tous les jours de minuit à 11h

L'AFTER NE MENT PAS • Malgré son juke-box asthmatique bloqué sur la chanson française des années 1980 et ses sunlights démodés, Chez Carmen demeure l'un des derniers bastions où l'on sent que la nuit reste un monde à part. Indéboulonnable Shiva œuvrant derrière le zinc, Carmen – 70 ans au compteur – assure la vigie dans le Paris nocturne depuis plus d'un quart de siècle (aidée du charmant Saber). Longtemps, c'était ici l'un des seuls bars de nuit à accueillir les homos et les travestis sortis du Scaramouche, juste en face. “Maintenant qu'il y a davantage d'hétéros, c'est plus calme.” Une fois que tous les autres lieux ont fermé, les derniers Mohicans noctambules viennent ici se protéger des effets néfastes des UV en buvant à la nuit prochaine (10 € le cocktail bien tassé). Sur fond de Sardou hululant, travestis défraîchis, clubbeurs en descente ou cadres décatis donnent envie d'être poète pour chanter ces moments uniques dans les replis crépusculaires d'une ville qui a la gueule de bois.

La Mutinerie

176-178, rue Saint-Martin, 3e • M° Rambuteau
Tél. 01 42 72 70 59

Ouvert tous les jours de 17h à 2h

lamutinerie.eu

MATRIARCHIE • Comptons ensemble les bars franchement lesbiens, pro-trans et ouvertement féministes de Paris : un. C'est La Mutinerie, un vaste lieu à la déco un peu branquignole, qui porte bien son nom et haut sa volonté de se battre (symboliquement) contre ce triste état. Ses armes ? Bières pas chères et ambiance ultra-open. Côté programmation, on n'est pas là pour beurrer des tartines. Selon les jours et les nuits, vous pourrez tomber sur un concert punk, danser sur les sulfureux DJ set reggaeton (le mot "rasta-queer" est-il déposé ?), vous lancer dans un atelier pour fabriquer un martinet ou suivre une causerie sur les jeux vidéo féministes... Mais il est aussi possible de se plonger dans les livres de la bibliothèque féministe ou de faire un billard... Les mecs hétéro sont-ils les bienvenus ? Oui bien sûr, à condition de laisser leurs réflexes patriarcaux au vestiaire !

Black Dog

26, rue des Lombards, 4e • M° Châtelet
Tél. 01 42 71 22 27

Bar ouvert du lundi au jeudi de 15h à 2h, du vendredi au samedi de 15h à 5h, le dimanche de 17h à 2h• Restaurant ouvert du lundi au samedi de 12h à 14h30, puis de 20h à 23h, le dimanche de 20h à 23h

blackdog-bar.com

METALORGIAQUE • La viande vient des pampas de la Terre de Feu, la musique des plaines glacées des pays scandinaves, et tout cela se rencontre au centre de la Ville lumière. L'ensemble est beau comme un épisode de *Game of Thrones* ! Ne rigolez pas, vous avez là le seul bar restaurant parisien à double spécialité : la viande tendre et le rock dur. Vous pouvez donc déguster – presque à la cuillère – de solides assiettes de lomo (pas spécialement données), bercé par les guitares saturées de groupes de death metal aux noms aussi imprononçables que gutturaux. Si vous manquez d'appétit, restez donc au bar (décoré comme l'intérieur d'un moteur) pour observer la communauté metal parisienne, ses habitudes vestimentaires (le noir) et sa boisson favorite (la bière).

Le Bar

27, rue de Condé, 6e • M° Odéon
Tél. 01 43 29 06 61

Ouvert du lundi au samedi de 21h30 à 4h

LE SECRET LE MIEUX GARDÉ DE PARIS • Cette sombre vitrine au coin de la rue de Condé et de la rue Regnard n'est ni un club échangiste ni un sex-shop sénatorial. Certains l'appellent le "Bar noir", d'autres, "Tes yeux", rapport à l'inscription au seuil de l'établissement. En vrai, c'est "Le Bar" tout court. Ce vaste et sombre lieu gardé par un Bouddha couvert de pièces est une institution de ce coin très chic et très, très tranquille, un bar de nuit qui accueille une clientèle haut de gamme depuis 1979. "On a de tout : des sénateurs, des secrétaires d'État, des 'fils de', des policiers de la BAC..." raconte Patrick, le volubile patron, air blasé et accent rocailleux. La déco orientalo-laquée, kitsch comme il faut, passe impeccablement lorsqu'on s'y vautre, armé d'un cocktail maison (10 €), à l'heure où les autres bars baissent le rideau. Et le fait de savoir que notre voisin fait peut-être partie des RG ajoute une petite dose de frisson. On a l'impression assez unique d'être figurant dans un de ces films des années 1980 avec Alain Delon, du genre *Ne réveillez pas un flic qui dort*. Voilà qui est bath !

La Liberté

196, rue du Faubourg-Saint-Antoine, 12e • M° Faidherbe-Chaligny
Tél. 01 43 72 11 18

Ouvert tous les jours de 11h à 2h

Facebook : Bar La Liberte

NOT DEAD BUT BIEN RAIDE • On ne vous apprend rien : le punk ne se limite pas à des errements capillaires. Sinon, les footballeurs tiendraient des barricades à Notre-Dame-des-Landes. Le punk correspond avant tout à un état d'esprit, au refus des diktats de la mode, à la certitude chevillée au corps que l'humain et le chien (et le rat) priment sur le pognon. Partant de ce principe, on peut dire que La Liberté est un bar éminemment punk. Ce rade peinturluré propose ambiance de feu et concerts tous azimuts depuis plus de trente ans pour un bout d'humanité que vous ne trouverez nulle part ailleurs. Jeune alternatif, vieille baroudeuse, piliers de bar ventripotents, ils sont tous ici, coude à coude, pour rigoler, danser ou refaire le monde devant un demi (ou peut-être deux) sous les loupiotes roses. Sans conteste, il n'y a pas plus cool dans le quartier...

Le Consulat

2, rue Vercingétorix, 14e • M° Gaîté

Ouvert le lundi de midi à minuit, le mardi de 10h à minuit, les mercredi et jeudi de 10h à 2h, les vendredi et samedi de 10h à 6h, le dimanche de 10h à minuit

leconsulat.org

AMBASSADE FESTIVE • Cet immense atrium de béton brut, de mobilier DIY et de poutre d'acier a été, dans un autre temps, la salle de rédaction du *Point*. Alors que l'hebdo a déménagé sous d'autres cieux, l'immeuble par la magie (et l'énergie) de Lionel, ancien boss de la nuit parisienne et du collectif GANG, est devenue une formidable pépinière d'artistes et d'activistes de tous poils. Dans ce vaste espace façon hangar désaffecté où les murs sont décorés de fresques de street art et de pochoirs énervés, il se passe toujours un truc : dîner sous hypnose, clubbing, cours de yoga, causeries politiques, boutique artisanale... Vite, allez profiter de l'aubaine de ce lieu très inspiré et inspirant avant qu'il ne ferme (début 2019).

Mission Bretonne

22, rue Delambre, 14e • M° Vavin
Tél. 01 43 35 26 41

Ouvert du lundi au vendredi de 18h à 23h, le samedi de 10h30 à 13h30

missionbretonne.bzh

CHAUD COMME LA BREIZH • Derrière une porte cochère de la petite rue Delambre, le visiteur découvre une grande cour pavée, dominée par un impressionnant bâtiment en bois (un ancien relais de poste) où se trouve, au rez-de-chaussée, cette curieuse et discrète mission bretonne qui consiste en une grande piste circulaire, une bibliothèque de prêt, du mobilier dépareillé et un bar... Un homme à barbe blanche joue d'un accordéon celtique pour un couple qui danse. À ses débuts en 1947, cette mission tenue par un prêtre aidait les Bretonnes fraîchement débarquées du train de Montparnasse à ne pas se faire avoir (voir l'histoire de la célèbre Bécassine)... Aujourd'hui, c'est plutôt l'inverse, avec toute une brochette d'activités (cours de chant, de breton, danses, concerts...) pour Bretons à la recherche de leurs racines (et de chouchen pas cher, 3 € le verre). Téléphonez pour obtenir le code d'entrée.

L'Omadis

43, rue Doudeauville, 18e • M° Château-Rouge
Tél. 01 42 23 27 23

Ouvert du mardi au jeudi de 12h à 1h, du vendredi au samedi de 12h à 2h

TROQUET AU TAQUET • "L'Omadis ? C'est le meilleur bar de Paris." Mais qui nous livre ce scoop fracassant ? Un permanent de chez MU (voir p. 55), autant dire un spécialiste en foule exigeante, en musique tonitruante et en Goutte d'Or en général. Situé à un jet de cannette du Garage MU, l'Omadis s'impose effectivement comme un magnifique représentant des bars musicaux anarcho-cool qui se font rares à l'heure de l'invasion des cocktails au shaker. D'un côté, une mini-salle de concert que des groupes de copains peuvent remplir avec leurs potes (Trotski Nautique, le combo du dessinateur David Snug, y tourne beaucoup), de l'autre, un bar pas bien grand, couvert de stickers d'ultragauche, où le patron sert ses pintes à 5 € avec le flegme d'un lord anglais (la demande est forte certains soirs). En haut de l'escalier, une salle d'expo pour les artistes du coin. Enfin, investissant les lieux, une assemblée bigarrée et rigolarde. Omadis sur dix !

Le Nant

58, rue du Ruisseau, 18e • M° Jules-Joffrin
Tél. 01 46 06 44 75

Ouvert tous les jours sauf jeudi de 12h à 2h

LIEU UNIQUE • Il n'y a plus de bars comme le Nant. Bon, à dire vrai, il n'est pas certain qu'il n'y en ait jamais eu beaucoup… Car on touche là au sublime, au diamant brut dans la catégorie rade de quartier. Il y a évidemment le patron immuable (Raymond, une casquette et trente ans de maison) ; les hyper habitués plus ou moins frais qui trouvent là une deuxième maison (lors de notre visite, ils regardaient – en commentant – un documentaire sur les tortues) ; le bazar partout (un chien endormi, une collection de hiboux, une Joconde, des vieux journaux…). Mais il y a surtout ce décor totalement surréaliste d'alcôves en mélaminé orange et marron et des lampes à lamelle chromée. Courez-y vite avant que Raymond passe la main.

Espace B

16, rue Barbanègre, 19e • M° Corentin-Cariou
Tél. 09 84 54 19 83

Ouvert du lundi au vendredi de 8h à 1h30, le samedi de 12h à 1h30,
le dimanche si concert

espaceb.net

COURANT ALTERNATIF • Le B, c'est pour "berbère". On a un peu tendance à l'oublier quand on voit la programmation hyperpointue de ce lieu qui ne paie pas de mine. Pas de solos de *bendir* ni de hits du Haut-Atlas, mais une tripotée de groupes confidentiels de rock indé, d'électro-punk et de pop synthétique (et toutes les variations entre) qui viennent faire vibrer les murs noirs de la petite salle du fond. Situé à un jet de médiator du canal Saint-Denis, l'Espace B s'est imposé, à force de volonté et de prix d'ami (entre 5 et 12 € le concert), comme le mini-haut lieu des musiques alternatives qui déménagent. Le côté berbère s'exprime davantage en journée, lorsque que l'établissement n'est encore qu'un troquet populaire au sein d'un quartier oublié des rénovations, avec son couscous pas cher, ses piliers de bar et Hamza, son aimable patron.

MobilHome

21, rue de la Mare, 20e • M° Ménilmontant
Tél. 06 62 63 86 00

Ouvert environ une fois par mois

Facebook : Le MobilHome association

LE PLEIN DE RENCONTRES • Le saxophoniste accroupi au milieu de statues filiformes improvise en prenant soin d'enfiler les accords les plus dissonants possible... "Ce soir, c'est free jazz chamanique. Il faut bien prendre des risques", rigole Sandrine Boutté, sculptrice, danseuse et fondatrice du MobilHome. Depuis 2002, à une fréquence plus ou moins mensuelle, elle ouvre les portes de son appartement-atelier installé dans un ancien troquet : "On a monté ça avec des amis pour créer un lieu de mélange et de rencontres." Sandrine et ses compères proposent un menu inspiré de la musique et franchement élaboré. Ce soir-là, pour accompagner le jazz chamanique, on trouve dans de copieuses assiettes (20 € avec deux verres de vin) soupe d'espadon, noix de bœuf au foie gras, salade de grenade... Dans le décor un peu branquignol, on croise une faune bigarrée et sympathique, entre original grandiloquent et retraité curieux. Et le mélange prend bien !

Grand Bouillon

2 ter, rue du Moutier • 93300 Aubervilliers • M° Aubervilliers-Pantin-Quatre-Chemins
Tél. 01 75 34 22 94

Ouvert le mercredi et le jeudi de 11h à 22h,
le samedi et le dimanche de 11h à minuit

grandbouillon.org

MAGIE DU MÉLANGE • Être underground, c'est aussi vivre ses passions sans se soucier des modes ou des tendances. Grand Bouillon est un café associatif né en 2014 d'un triste constat de Marie Audoux-Pauguy, habitante d'Aubervilliers : il n'y avait pas de lieu convivial où jeunes comme vieux, hommes comme femmes, pauvres et moins pauvres puissent se retrouver et partager. Un lieu qui mixe habitants, cultures et activités. Plutôt que de chercher cela ailleurs, elle et des bénévoles séduits par le projet décident alors de le monter de toutes pièces. Ils transforment un vieux restaurant en un lieu d'échanges, aux murs en brique et au mobilier dépareillé, où, selon l'heure, on peut apprendre à coudre, à mixer, s'essayer à des jeux de société, goûter des plats maison, découvrir une expo ou danser à un concert. Musicalement, ça va tous azimuts : post-punk féministe, hip-hop jazzy, afro-groove. Tout ça, évidemment, à prix mini.

The Community

65, rue du Château-d'Eau, 10e • M° Château-d'Eau

Ouvert du mercredi au dimanche de 13h à 21h

thecommunity.io

GALERIE DÉGLINGUÉE • Quand un groupe de huit artistes finlandais décide de réinventer le *concept store* au milieu des coiffeurs sénégalais, ça donne The Community, une étonnante parenthèse arty au cœur du 10e popu. La façade rose défraîchie (un ancien salon Afro Star) cache un espace brut où se mêlent vêtements, tubes d'acier plié, fond électronisant et murs volontairement lépreux. Les chemises écartelées sont signées Maria Korkeila ou Hanne Jurmu (comptez 300 € pour un modèle !), le travail de l'acier a été confié à l'artiste designeuse Sophia Taillet. Quant à la musique, elle vient directement du cercle polaire, rapportée par des labels aussi confidentiels que Lyxliv ou PAN... Un passage chez The Community vous permettra, en outre, de consulter les fanzines les plus hype du moment (car oui, le papier revient en force). Surveillez le site comme du lait de renne sur le feu, car il y a régulièrement des happenings, des concerts, des vernissages, histoire de prendre un grand bol de création contemporaine.

Cantada II – Cabaret du Néant

13, rue Moret, 11e • M° Couronnes ou Ménilmontant
Tél. 01 48 05 96 89

Ouvert du lundi au jeudi de 18h à 1h30, du vendredi au samedi de 18h à 5h

cantada.net

IN GOTH WE TRUST! • Bien sûr, il y a le rez-de-chaussée qui est en soi une expérience avec sa collection d'absinthes (de 45° à... 81° !), ses plats médiévaux (porc au verjus à 11 €) à déguster au milieu de cuirs cloutés avec, en fond sonore, des guitares et des cordes vocales poussées dans leurs derniers retranchements (du metal, quoi). Mais surtout, il y a le sous-sol, poétiquement baptisé "Cabaret du néant", où la méconnue culture gothique donne toute sa sombre mesure. Outre l'amusant karaoké metal et les soirées du week-end (jusqu'à 5h), la petite scène accueille une programmation assez foutraque : fakir, stripteaseuse, stand-upper tatoué ou artiste qui évoque les transes chamaniques indiennes avec de la mousse à raser (si si !)... Tout ça sous le regard complice d'un squelette sortant de son cercueil. Bref, un joyeux mélange, fascinant, improbable et totalement libre.

Le 45 Tours

45, rue de Montreuil, 11e • M° Faidherbe-Chaligny

Tél. 09 54 89 42 32

After de 6h à midi certains week-ends

Facebook : Le 45 Tours

AFTER EN PLATINE • À l'heure où les clubbeurs fourbus titubent jusqu'à leur couette, le 45 Tours ouvre sa cave aux irréductibles du et autres allergiques au sommeil. Une volée de marches vers le sous-sol, une porte vaguement coupe-son et, aussitôt, une vague de basse vous assaille. Un DJ confidentiel délivre un set maîtrisé entre house et techno, qui fait osciller une petite douzaine de participants dans une ambiance crépusculaire, sous un plafond habillé de vinyle noir. Pas de stars ici, juste des acharnés du rythme. La piste est grande comme deux Twingo, mais, côté BPM, l'after en a sous le capot ! Il y a d'ailleurs fort à parier que l'analyse de sang des danseurs pourrait en remontrer au peloton du Tour de Colombie… Tout cela donne son sel à cette fête troglodytique, déglinguée (et souriante), sorte de version miniature des raves clandestines des années 1990.

La Station – Gare des Mines

29, avenue de la Porte-d'Aubervilliers, 18e • RER Rosa-Parks
et T3 bis Porte-d'Aubervilliers
Tél. 09 73 26 11 47

Horaires selon les événements

lastation.paris

FRICHE SHOW • On l'oublie un peu vite dans un Paris largement embourgeoisé, mais, pour prospérer, l'underground, a besoin de la Zone, d'îlots oubliés de la prospérité, d'accidents dans la rentabilité obligatoire. Avec la Station (dites la "Stass" comme tout le monde) posée entre une bretelle de périph', un jardin plein de réfugiés en attente et de terrains pour matériaux de chantier, on se trouve pile-poil dans ce biotope décati propice à la saine déglingue artistique. La programmation de cet ancien bâtiment de la SNCF désaffecté, mitonnée par les mécanos du Garage MU, convoque le meilleur de la musique électronique décalée, la crème du rock vrombissant et, d'une façon générale, le top des expérimentateurs sonores tous azimuts. L'été, c'est scène en plein air et transats ; l'hiver, la foule des tatoués se presse dans le bâtiment (avec des murs à paillettes, vestige d'un club afro clandestin).

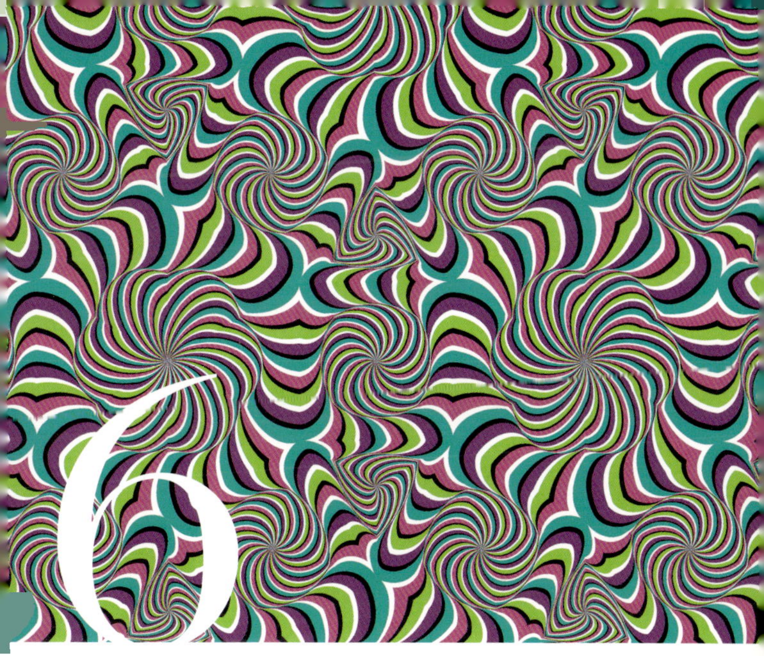

6

Esprit, es-tu là ?

À explorer les marges, à sortir de la norme, à frayer avec les enthousiastes, on se retrouve immanquablement dans les eaux étranges de la magie. Voici donc un petit tour dans le Paris gentiment cintré de l'ésotérisme, des esprits bavards, des histoires fabuleuses et autres pierres enchantées… Petit conseil préalable : gardez un regard candide, mais aussi un solide second degré !

Usfipes

15, rue Jean-Jacques-Rousseau, 1er • M° Louvre-Rivoli
Tél. 01 42 33 37 44

Réunion tous les jours à 15h • Entrée 12 €

usfipes.org

DÉCLARATIONS DE REVENANTS • À l'Union scientifique francophone pour l'investigation psychique et l'étude de la survivance, c'est double programme ! Chaque jour se déroule d'abord une conférence assez docte sur un sujet rarement abordé au journal de 20 heures : "La fonction symbolique du jaune", "Les druides", "La communion avec l'au-delà"... L'accueil est assuré par une très vieille dame qui perçoit le droit d'entrée, mais le public est étonnamment mélangé ; il n'y a pas que des retraités inquiets de la mort, mais aussi des jeunes qui boivent les paroles du conférencier. La qualité des causeries est très variable, et l'on peut s'y ennuyer ferme. Heureusement, l'attente est récompensée d'une formidable séance de voyantce. Là, sous le regard impassible du buste en bronze d'Allan Kardec, le patron des médiums, un "sujet psy" vient communiquer avec le plan astral, par exemple pour conseiller à un vieux monsieur de surveiller son audition qui risque de décliner !

Diffusion Rosicrucienne

199 bis, rue Saint-Martin, 3e • M° Étienne-Marcel
Tél. 01 44 54 38 50

Ouvert du mardi au samedi de 14h à 20h, le dimanche de 14h à 19h

drc.fr

PARFUM D'ALCHIMIE • "Les rose-croix, n'est-ce pas un peu comme les francs-maçons ?" Réussir à garder son calme face à cette question doit faire partie de l'entraînement de l'homme au sourire affable et au blazer impeccable qui nous accueille. Il ne cille pas : "Il y a des points communs, mais la Rose-Croix est bien antérieure, elle vient de l'Égypte ancienne." Carrément. Cet ordre hermétique, qui fait fantasmer les romanciers ésotériques, les amateurs d'alchimie et les complotistes, a pignon sur rue juste à côté des Halles. Dans une petite pièce immaculée, écrasée par la lumière des néons, on peut acheter une épée (si l'on est un initié) ou des livres sur l'histoire du mouvement et sa philosophie (si l'on veut le devenir). La salle de congrès voisine appartient aussi aux rose-croix et (scoop !) cache en son sein une salle de cérémonie secrète, accessible aux seuls membres.

Cabinet du Docteur Dorr

67, rue Saint-Jacques, 5e • M° Cluny-La-Sorbonne
Tél. 01 43 26 09 56

Sur rendez-vous uniquement

DE DENT ET D'ART • Un lézard empaillé, une fausse mue humaine en résine, un corail rouge, des coquillages rares, un nez de narval... la vitrine hétéroclite évoque un véritable cabinet de curiosités du XVIIe siècle où *naturalia* et *artificialia* se mêlent en une tentative (modeste) de décrire le monde. Nous ne sommes pas dans un musée ou dans l'hôtel particulier d'un riche dandy collectionneur, mais au cabinet dentaire du docteur Dorr ! Ce sympathique et intarissable dentiste se double d'un expert en objets d'histoire naturelle dentaire ou osseux du XIXe siècle. Entre deux plombages et un implant dentaire, il cherche des raretés, achète des bouts d'animaux morts ou estime des livres de biologie anciens pour des ventes aux enchères. Si vous devez vous faire faire une radio panoramique, direction le sous-sol où vous serez dévisagé par une douzaine de crânes de diverses espèces... dont un humain avec des lunettes de soleil *sixties* "en hommage à *Mars Attacks*" !

Éditions Bussière

34, rue Saint-Jacques, 5e • M° Cluny-La-Sorbonne
Tél. 01 43 54 65 20

Ouvert du mardi au samedi de 10h à 18h30

editions-bussiere.com

DEUX AILES OCCULTES • Dans la famille des éditions ésotériques, voici la grand-mère. Descendantes de la maison Niclaus fondée en 1927 par Georges Niclaus, grand passionné de sciences divinatoires et de magie, les éditions Bussière continuent de repousser les vérités communément admises à grands coups de livres écrits gros sur le magnétisme, les sociétés secrètes, les prières de protection ou les forces telluriques. Tout cela dans un décor virginal, une musique zen et des bibliothèques Ikea bourrées d'ouvrages, de bougies, de talismans. “Nos best-sellers ? Les livres sur les anges”, révèle, avec un sourire, la petite-nièce du fondateur désormais aux manettes. Les ouvrages sur les angelots, chérubins et autres séraphins qui nous protègent squattent donc les meilleurs rayons avec notamment celui qui survole les ventes et le sujet : un certain Haziel (probablement un pseudo).

OVNI Paris

Maison des Mines • 270, rue Saint-Jacques, 5e • M° Censier-Daubenton

Soirée le premier mardi du mois de 19h à 22h30

Entrée 10 €

ovniparis.fr

MARS OU RÊVE • “Ils nous ressemblent, sauf qu'ils font 1,50 mètre et qu'ils sont hermaphrodites.” En attendant le début de la conférence, une dame explique doctement ses dernières avancées sur les extraterrestres qui la visitent régulièrement. Chaque mois, les conférences OVNI font le point sur la présence d'extraterrestres parmi nous. Un sujet que les médias taisent en toute complicité avec (plusieurs choix possibles) les illuminati, les agences internationales, une autre race du cosmos déjà installée. “Nico” ouvre le bal avec des nouvelles des soucoupes : on a trouvé des mini-momies au Pérou, sont-ce des jouets ou la preuve qu'il y a eu hybridation avec une mini-race d'une autre galaxie ? Affaire à suivre !... Ensuite, c'est la conférence PowerPoint de l'invité sur un thème spatialo-complotiste. Si vous venez là pour voir, armez-vous toutefois d'un solide second degré avant le décollage.

Librairie du Bonheur

8, rue Bréa, 6e • M° Vavin
Tél. 01 43 29 24 73

Ouvert du lundi au samedi de 10h30 à 19h

librairiedubonheur.com

LE DESSOUS DES CARTES • "On va refaire la déco !" rassurent Paul et Léna, le jeune couple aux commandes de la Librairie du Bonheur. Reconnaissons que l'ambiance murs blancs, sol carrelé et étagères en sapin évoque plus une location meublée qu'une librairie spécialisée dans les mystiques arcanes du tarot divinatoire ou les pierres énergétiques. En plus d'une belle collection de paquets de cartes, de pendules et de livres bizarres. Paul est tombé dans les réalités alternatives à 7 ans quand il a "su" pour les ovnis. Depuis, il défriche : les forces telluriques, les anges, les extraterrestres... Alors, si vous avez le temps, préparez-vous à quelques révélations, comme, au hasard, que le tarot de Marseille vient de l'Atlantide. "La connaissance de la vérité apporte le bonheur" (d'où le nom de la boutique), conclut Paul. CQFD.

Minerales Do Brasil

86, rue de Miromesnil, 8e • M° Villiers
Tél. 01 45 63 18 66

Ouvert du lundi au samedi de 10h à 19h

midobras.com

LES PIERRES SOULAGENT • “Excusez-moi, ces pierres sont neuves ?” demande très sérieusement une cliente avec un anneau dans le nez. La patronne, qui en a pourtant vu d’autres, semble désarçonnée par cette question. “Oui, enfin non, elles ont plusieurs millions d’années, quoi…” lâche-t-elle avant d’aller servir une autre personne. Car ici, on ne rigole pas avec les pierres. Pourquoi ? Parce qu’elles soignent ! Tout… ou presque. Même si la répression des fraudes ne partage pas tout à fait cet avis. Dans les présentoirs débordant de cette petite boutique perdue au fond d’une cour, il y a des cailloux pour gérer vos priorités, des minéraux pour vous donner de l’énergie ou vous protéger des ondes électromagnétiques, des cristaux pour renforcer le pouvoir des autres pierres (et sans doute un cristal pour renforcer ce cristal). Pour des prix allant de 5 € à… 3 500 € !

Maison de la Radiesthésie

22, rue Godot-de-Mauroy, 9e • M° Madeleine
Tél. 01 44 56 09 30

Ouvert du mardi au samedi de 10h30 à 18h30

maisondelaradiesthesie.fr

LES PENDULES À L'HEURE • En poussant la porte vitrée de cette auguste boutique, vous êtes accueilli par une gentille musique planante, une apaisante odeur d'encens et les regards sévères d'une galerie de portraits noir et blanc accrochés au mur. Cette vingtaine de barbus à l'air pénétré, ce sont les médiums qui ont fréquenté la Maison de la Radiesthésie aux grandes heures du spiritisme dans les années 1920. Presque cent ans et un déménagement plus tard, on y vend toujours des pendules. "On traite tout ce qui est énergie et tout le monde a un don à exploiter", explique la vendeuse. Outre un bel éventail de pendules (à partir de 10 €), il y a des cristaux qui soignent, des baguettes de sourcier, des planches de oui-ja en vue de converser avec votre aïeul mort à Austerlitz, ou des livres pour (enfin !) mieux comprendre les champs vibratoires de votre maison.

Asie-Antilles-Afrique

88 bis, rue du Faubourg-du-Temple, 11e • M° Goncourt
Tél. 01 43 57 30 21

Ouvert du mardi au dimanche de 9h30 à 19h30

asieantillesafrique.fr

MAGIE DU VOYAGE • Coincée entre un étal d'ignames et un autre de Grosminet gonflables, l'étroite porte de ce bazar de l'étrange passe complètement inaperçue dans l'agitation populaire de la rue du Faubourg-du-Temple. Pourtant, ce qu'il recèle sort franchement de l'ordinaire. Manuels de vaudou, ouvrages sur le pouvoir de l'ail, livres qui révèlent comment gagner au jeu, poudres magiques, encens prodigieux, talismans ou encore cristaux contre le mal (carrément)... Vous trouverez dans un joyeux boxon ce qu'il faut pour vous colleter avec la magie noire, la magie blanche et toutes les couleurs intermédiaires à des prix très cartésiens. L'éclairage au néon mis à part, on s'imaginerait presque chez un alchimiste du passé. Attention : au milieu des eaux de désenvoûtement se trouvent çà et là des bouteilles de détachant ou d'allume-barbecue.

Autel du Culte de Bouddha

37, rue du Disque, 13e (entrée au niveau de l'avenue d'Ivry) • M° Olympiades

Ouvert tous les jours de 9h à 18h

LITURGIE EN SOUS-SOL • Le projet des Olympiades, à la fin des années 1960, voulait redéfinir le concept de rue. Vous en avez ici une terrible illustration avec la lugubre rue du Disque, avenante comme une entrée de bunker, serpentant sous la dalle... Mais osez y pénétrer pour accéder à une pagode secrète, le temple le plus underground (au sens propre) de la Chinatown parisienne. Celui-ci offre au visiteur un cadre dépaysant, entre lampions carmin et statues de divinités auréolées de diodes multicolores. Appréciez la finition industrielle avec les énormes tuyaux d'aération en aluminium... Autour des représentations dorées de Bouddha et de l'empereur Zhenwu (82e avatar de Lao Tseu, rien que ça !) entourées d'offrandes, s'agitent les bénévoles de l'Association des résidents en France d'origine indochinoise : certains consultent leur avenir avec les baguettes divinatoires, d'autres boivent du thé... On est ailleurs.

Marché Souterrain de la Gare des Gobelins

105, rue de Tolbiac, 13e

M° Olympiades

On ne dirait pas comme ça, mais sous la dalle des Olympiades, ça grouille d'activité. L'ancienne gare de marchandises des Gobelins, abandonnée par la Sernam pour cause de fermeture de la Petite Ceinture, a été investie par tous les grossistes asiatiques du quartier. Les mardis et jeudis, le gigantesque espace brut de décoffrage qui s'étend sur deux niveaux (sous vos pieds se trouve un étage de pièces frigorifiques) s'anime comme un Rungis post-apocalyptique. Des restaurateurs chinois de toute l'Île-de-France viennent s'approvisionner en choux étranges, orangers décoratifs et sacs de riz de 25 kilos. Tout cela sur des étals à même les rails, dans les effluves étranges des durians et les klaxons des Fenwick. Avant le Nouvel An et tôt le matin, le marché bat son plein. Il est possible d'entrer soit par une petite porte sous l'escalator au 105, rue de Tolbiac, soit par l'accès poids lourds au croisement des rues Regnault et Nationale.

La Flamme Divine

99 bis, rue de l'Ouest, 14e • M° Pernety
Tél. 01 45 42 54 96

Ouvert du mercredi au samedi de 15h à 20h

flammedivine.net

DE MÈCHE AVEC LES ESPRITS • Monsieur Razi n'est pas un commode. “Non ! vous n'avez pas écouté. Celle-là purifie, mais ne protège pas”, lâche-t-il, agacé, à une cliente qui souhaite faire revenir son mari (il fallait prendre la neuvaine de saint Pierre). Depuis 1984, ce natif d'Inde en a vu passer, des femmes : angoissées, tristes, perdues, qui viennent chercher des solutions dans sa petite boutique ésotérique. Ces solutions prennent la forme de livres de prière, d'encens et de bougies parfumées, couvrant les murs jusqu'au plafond. Chaque produit a un usage particulier : la bougie bleue règle les problèmes administratifs, l'huile d'acajou aide aux révisions ou l'encens au chanvre favorise (légalement) le voyage astral… “De toute façon, tout ça c'est des béquilles”, conclut M. Razi, philosophe, derrière son comptoir. “Il faut surtout que vous arrêtiez de réduire votre aura en vous habillant tout le temps en noir.”

Librairie Media 3000

205, boulevard Raspail, 14e • M° Vavin • Tél. 01 43 22 48 49

Ouvert du mardi au vendredi, de 15h30 à 20h

esoterism3000.com

GRIMOIRES ET MAGIE • C'est l'affluence des grands jours dans la petite boutique rouge. En plus des habitués, les clients font la queue entre les tas de livres. "Les nouvelles médailles de Khéops sont disponibles. Elles multiplient par quatorze votre magnétisme !" Sébastien Suzzoni, le patron tout de noir vêtu, fait l'article de son arrivage à une dame déjà conquise qui échange gaiement 350 € contre une aura magnétique reboostée. Une affaire ! La librairie ésotérique, qui déborde de livres d'occasion très divers (sur la médecine quantique, les secrets de l'Atlantide ou les escargots), est devenue une adresse importante dans le Paris occulte, car elle a hérité du fonds de la célèbre librairie du Graal, désormais fermée. Outre des bijoux enchantés et un thème astral maison, les amateurs érudits peuvent donc acquérir un ouvrage sur les magiciens de 1850 ou un manuel de "chymie" de 1750, relié pleine peau (400 €). En fait, tout se vend ici, même le gros Bouddha ramené d'un voyage tibétain ! Alchimie ou sens du commerce ?

Loge Unie des Théosophes

11 bis, rue Kepler, 16e • M° Kléber • Tél. 01 47 20 42 87

Dates des conférences sur le site

theosophie.fr

DES NOUVELLES DE SON KARMA • "Commençons par le début, commençons par la mort." Rien que pour ce genre d'entrée en matière, cela vaut le coup d'aller assister aux causeries de la Loge Unie des Théosophes. L'autre raison est la magnifique salle de la Loge, avec sa verrière et sa bibliothèque en bois. Vous l'aurez compris, pour cette "religion" créée par la russe Helena Blavatsky au XIXe siècle et qui va piocher dans le *karma* hindou (entre autres), la mort n'est que le prélude d'une nouvelle vie. Et il faut au moins une réunion hebdomadaire (gratuite) pour bien en expliquer les tenants et aboutissants à un parterre de croyants plus proches de leur nouvelle réincarnation que de leur entrée en fac. Si vous restez jusqu'au bout, vous aurez droit à la description détaillée de l'après-mort et de toutes ses étapes. Mais ne demandez pas comment ils savent tout ça, vous seriez mal vu !

Comptoirs Spirituels

8, rue Poulet, 18e • M° Château-Rouge
Tél. 01 53 41 34 13

Ouvert du mardi au samedi de 10h à 18h45

comptoirs-spirituels.com

DES SORTS ET DES SAINTS • “Ne dites pas qu’on fait de la magie noire ici, ou je vous colle un procès”, prévient, peu amène, le chic patron des Comptoirs Spirituels. Comme le magasin déborde de filtres de chance et autres amulettes pour gagner des procès, nous ne prenons pas le risque et le disons clairement : pas de magie noire ici. Il s’agit donc d’une boutique spécialisée dans la magie blanche, étonnant croisement entre l’ésotérisme des îles (poudres, encens, bougies) et les traditions chrétiennes (neuvaines, médailles), bref, tout pour repousser le mauvais œil et attirer la bonne fortune. À l’intérieur, une profusion savamment entretenue de statues de la Vierge, du Christ ou de saint Michel, assez kitsch, contemplent les clientes. “Il y a beaucoup de gens des Caraïbes, mais pas seulement, Pierre & Gilles sont déjà venus plusieurs fois !”

Musée des Vampires et Monstres de l'Imaginaire

14, rue Jules-David • 93260 Les Lilas • M° Mairie-des-Lilas
Tél. 01 43 62 80 76

Uniquement sur réservation • Entrée 8 €

museedvampiresetmonstresdelimaginaire.blogspot.fr

RICHE COMME RHÉSUS • "Le vampire, c'est le bien !" Jacques Sirgent, propriétaire des lieux, va vous en sortir quelques-uns, des scoops de cet acabit, lors de sa très savante conférence sur ces créatures en son incroyable petit musée personnel. Celui-ci, situé dans une pièce d'un petit pavillon des Lilas (dont l'aspect abandonné est soigneusement entretenu), s'écoute plus qu'il ne se visite. De toute façon, il n'y a pas moyen de se retourner dans l'infernal capharnaüm où l'on croise arbalète anti-vampires (avec visée en crucifix), fioles de sang et crânes en pagaille, sans oublier la collection de mains d'une comtesse hongroise... Avec son débit de mitraillette, le taulier, ancien professeur de littérature et auteur d'une dizaine de livres sur les suceurs de sang et autres monstres, vous abreuve d'anecdotes et d'histoires rocambolesques. La mauvaise image des vampires ? La faute à Bram Stoker et son *Dracula* !

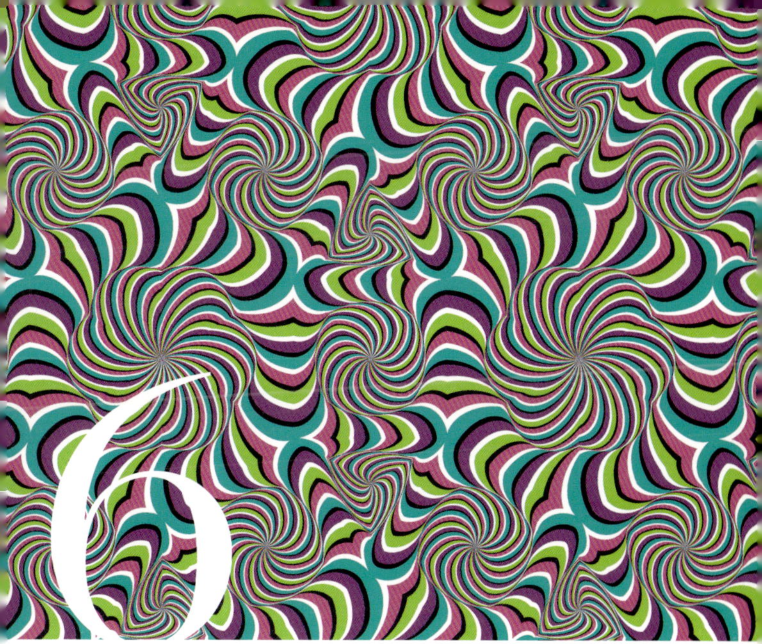

6 Rayon X

Alors que tous les fétichismes de l'humanité sont à portée de clic du premier internaute venu, les explorations sexuelles (libres et consenties) peuvent-elles encore être considérées comme underground ? Oui, mille fois oui, si elles poussent à la connexion avec d'autres gens, à la découverte d'autres pratiques et, finalement, si elles nous conduisent à sortir de notre zone de confort pour réfléchir à nos propres désirs.

Au Bonheur du Jour

1, rue Chabanais, 2ᵉ • M° Pyramides
Tél. 01 42 96 58 64

Ouvert du mardi au samedi de 14h30 à 19h

aubonheurdujour.net

DE L'ART ET DU COCHON • Nicole Canet, prêtresse auburn de l'art érotique parisien, a déménagé sa mini-galerie de quelques numéros, s'éloignant ainsi d'une poignée de mètres du fantôme du plus célèbre bordel de Paris (qui était au 12 de la rue). Mais le thème reste le même : érotisme et histoire. L'érudite montée sur ressort possède la collection la plus complète de photos licencieuses du XIXᵉ (prises dans les lupanars), de peintures olé olé (avec une surreprésentation de matelots dévêtus), d'objets pour adulte (la canne-martinet, par exemple, très utilisée au Chabanais justement) et autres icônes porno, mais graphiques. La maîtresse de maison organise de temps à autre des accrochages présentant ses acquisitions, renseignez-vous sur le site ou par téléphone.

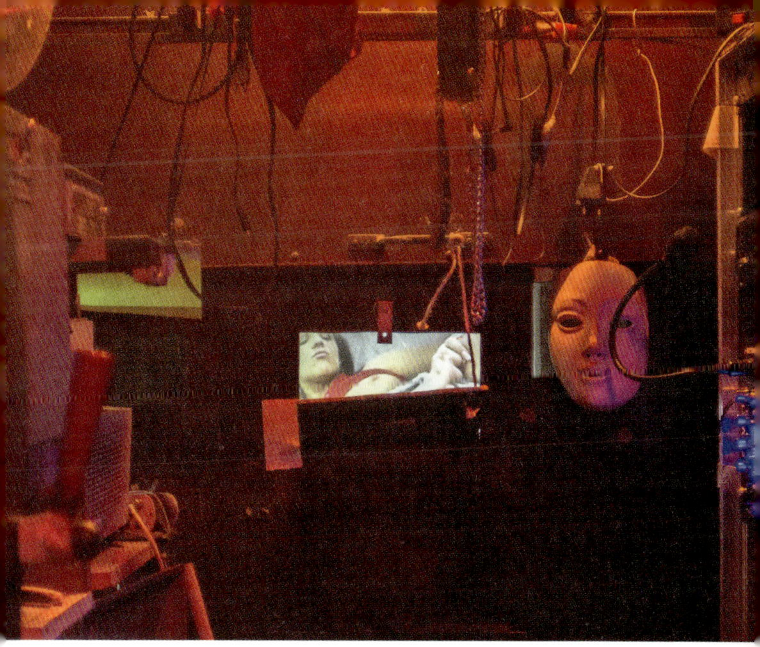

Le Beverley

14, rue de la Ville-Neuve, 2e • M° Bonne-Nouvelle
Tél. 01 40 26 00 69

Ouvert tous les jours de 10h à 22h • Entrée pour la journée 12 €

cinebeverley.chez.com

MILLE PORN • Bienvenue au Beverley, un des deux derniers cinémas porno en activité de Paris. Attention, on ne parle pas des sordides cabines de projection individuelle qui persistent de-ci de-là dans les quartiers chauds, mais bien d'un vrai cinéma avec grand écran, sièges en moleskine et films professionnels. Rien n'y a vraiment changé depuis 1972, année de sa bascule dans le porno : on retrouve même les affiches cochonnes sans chichi de l'époque. Seule concession à la modernité : un vidéoprojecteur qui remplace parfois le vieux projecteur 35 mm. Maurice Laroche, le sympathique septuagénaire qui gère la salle depuis 1992, connaît presque tous les sémillants messieurs qui viennent s'asseoir dans la salle. "Ils restent toute la journée, mais ils ne sont pas toujours capables de me raconter un film en entier !" rigole le patron. Le week-end, le cinéma passe au spectacle vivant avec des rendez-vous pour couples libertins et lectures érotiques.

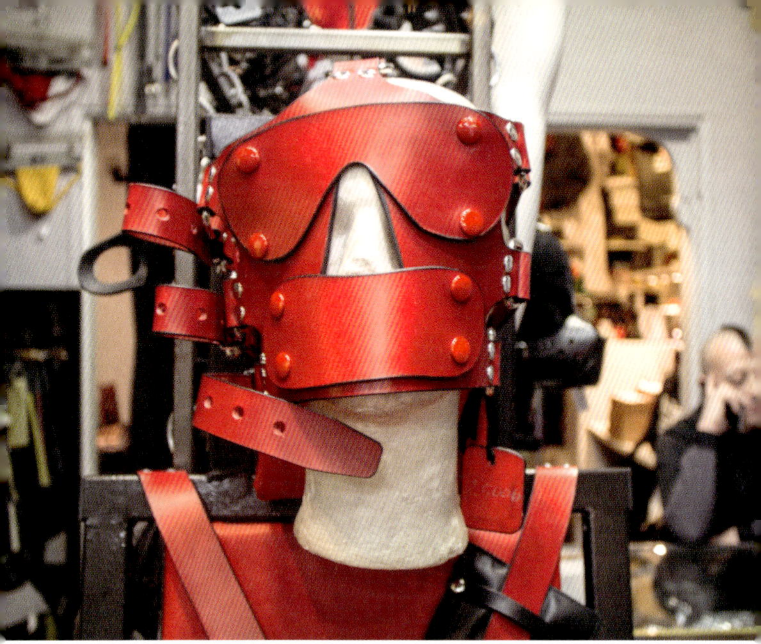

Rex

42, rue de Poitou, 3e • M° Filles-du-Calvaire
Tél. 01 42 77 58 57

Ouvert du lundi au samedi de 13h à 20h

rexshop.fr

DURS À CUIR • “Faut aller voir au fond, y a tous les godes”, exhorte Nicolas, regard clair et anneau dans le nez. Effectivement, dans un réduit de cette petite boutique discrète, il y a, jusqu'au plafond, des étagères de sex-toys – souvent d'un volume étonnant. On ne se trouve cependant pas dans un vulgaire sex-shop, mais chez un artisan du fétichisme BDSM, travaillant le cuir et l'acier, promouvant la contrainte et la domination, la chair malmenée et la sexualité martiale. Une collection de masques couturés de fermetures attend les victimes consentantes à côté d'un établi avec des riveteuses ; des produits pour détendre le cuir côtoient ceux pour assouplir les sphincters et, oui, tous ces anneaux chromés en vitrine sont destinés à traverser les parties génitales de la clientèle... Un vertigineux voyage immobile dans une sexualité de l'extrême, au cœur du très chic Marais, entre galeries épurées et magasins de mode.

Chochotte

34, rue Saint-André-des-Arts, 6e • M° Odéon
Tél. 01 43 54 97 82

Ouvert du lundi au samedi de 12h30 à 00h30 • Entrée pour la journée 50 €

theatre-chochotte.com

QUARTIER CHAUD LATIN • Un théâtre érotique, est-ce vraiment underground ? Osons le clamer haut et fort : oui ! À l'époque de la triste pornographie à la découpe façon YouPorn, Chochotte représente le dernier vestige bien en chair d'une époque révolue, celui d'un érotisme élégant et naturel. À cent lieues des sinistres boîtes à striptease de Pigalle, ce boudoir velouté, incroyablement logé en plein Quartier latin, ondule des hanches sur l'étroite ligne de crête d'un effeuillage bon enfant, sans silicone, vulgarité ou exploitation. Les filles qui se succèdent à un rythme soutenu sur la petite scène sont joliment imparfaites, gentiment impudiques, elles miment, dansent, se tordent… et rient volontiers avec la salle. Ici, pas d'alcool ni de clients irrespectueux. Tout est calme, luxure (modérée) et volupté.

La Musardine

122, rue du Chemin-Vert, 11ᵉ • M° Rue-Saint-Maur
Tél. 01 49 29 48 55

Ouvert du mardi au samedi de 11h à 19h

lamusardine.com

LUXURE À LA PAGE • Le sexe, on le fait, on le rêve, on le raconte et... on le lit. La Musardine s'est spécialisée dans cette dernière activité depuis 1995. Dans les rayonnages de la petite librairie, toutes sortes de livres licencieux : des romans cochons, des beaux livres de fesses, des monographies sur les déviances (souvent japonaises), des BD de cul (mais là, curieusement, pas trop de mangas). Malgré Internet et les téraoctets de vidéos disponibles en un clic, la littérature érotique se maintient, voire se démocratise dans les grandes maisons. "L'effet *Cinquante Nuances de Grey*", explique la gentille vendeuse, toujours disponible pour aider le chaland. La Musardine édite également des guides sexy et des romans de gare aux titres délicieusement rétro. *La Revanche du clitoris* devrait faire passer votre voyage comme papa dans maman.

Les Rituelles

6, rue Houdon, 18e • M° Pigalle
Tél. 01 77 16 57 29

Ouvert du mercredi au lundi de 11h à 20h

lesrituelles.fr

ON S'ENTICHE DU FETISH • À une longueur de cravache des boutiques glauques de Pigalle, pourvoyeuses de tenues criardes en mauvais lycra, se trouve ce trésor de magasin érotico-chic. Aline, une ancienne styliste, et son compagnon Lobbiaz l'ont lancé avec une idée : faire connaître les marques de lingerie alternatives absentes de la grande distribution. Aux cintres en laiton, vous découvrirez donc les créations très particulières de Paloma Casile, Tatu Couture ou Esquisse. Des matières nobles, travaillées en France ou en Angleterre, et des dessins qui emmènent le luxe (les prix sont assez raides) vers l'iconographie SM, avec des boucles, des lanières, des harnais, des masques. Ce n'est jamais vulgaire et toujours élégant. Outre de la lingerie, Les Rituelles brassent large autour de la culture érotique : vente de fanzines arty ou de livres de coloriage, expos de photos, lectures... Ici, la chair n'a rien de triste !

KnotS

14, rue Pierre-Nicolau, 93400 Saint-Ouen • M° Carrefour-Pleyel
Tél. 06 74 49 35 70

Ouvert du samedi au jeudi de 18h à 23h

Facebook : Kinbaku Need Only Two Shibarist

LES LIENS QUI LIBÈRENT • La Place des Cordes, le pionnier parisien du kinbaku, cet art séculaire et japonais de ligoter une personne avec des cordes, a fermé soudainement en avril 2017. Coup de bol, quelques jours avant, ouvrait cette salle montée par deux pratiquants, Sarah et Alice, qui a vite pris le relais pour accueillir les amateurs en quête d'un endroit pour pratiquer les cordes ou se perfectionner dans le triple nœud de chaise. Cette ancienne salle de danse présente une déco épurée (bambou au plafond, tatamis au sol et murs bruts) mais on n'est pas là pour attacher les rideaux... La finalité clairement sexuelle de tout ça n'étant pas totalement occultée, la politique de la maison se montre transparente : consentement absolu et pas de nudité totale. Pour le dernier point, ça peut éventuellement se négocier durant des soirées à venir.

DRÔLES DE SHOPS !

TIM BARGEOT

3, rue de Turbigo, 1er • M° Les Halles
Tél. 01 42 21 09 69
Ouvert le lundi de 14h à 19h,
du mardi au samedi de 11h45 à 19h
timbargeot.paris

Qu'importe le Brexit, l'esprit du swinging London des années 1960 a trouvé refuge à Paris chez Tim Bargeot ! Depuis 1995, cette drôle de boutique prodigue, entre deux luminaires en alu et un gros canapé bouche, ses liquettes psychédéliques aux amateurs de ska, aux rockers en goguette, aux pin-up en devenir. "Nous travaillons aussi beaucoup avec les costumiers du cinéma, par exemple pour le film *L'Écume des jours* de Michel Gondry", explique Éric, le patron, petit chapeau en cuir vissé sur
la tête. Attention, ici, nul vintage ; tout est neuf, parfois importé (comme les Creepers anglaises ou de formidables chemises made in Hawaï), le plus souvent fabriqué pour la marque Tim Bargeot. "Jamais en Asie !" insiste Éric. À vous les cabans en velours mauve, les pattes d'eph' à carreaux ou les robes trapèze moutarde !

HAIR COWBOY

En face du 67, rue de la Verrerie, 4e
M° Hôtel-de-Ville
Tél. 07 78 12 95 27
Fréquence aléatoire
Prix variable entre 30 et 50 €

En plein air, dans cette rue passante du Marais, vous pouvez vous faire couper les cheveux. Pas assez bizarre pour vous ? Voilà un coiffeur qui a transposé les techniques de la sculpture dans la coiffure, qui “se bat contre le vent comme contre un mustang sauvage dans un rodéo”, d'où son nom de Hair Cowboy. Toujours pas impressionné ? Vous êtes un client difficile. Lâchons les chevaux : ce cowboy capillaire, avec ses long cheveux lisses et son ceinturon en argent, c'est Kanu Muringi, que les plus physionomistes auront reconnu comme le Kanu dans *Hélène et les Garçons* ! Mais si... Pendant une saison, en 1992, ce coiffeur de formation a joué le rôle du batteur du groupe. Pas question pour lui d'étouffer dans un saloon de coiffure, mais vous pouvez tout de même prendre rendez-vous !

TRUE LOVE

3, rue Faidherbe, 11e
M° Faidherbe-Chaligny
Tél. 01 71 75 48 16
Ouvert du mardi au samedi
de 11h à 13h30, puis de 14h30 à 20h
true-love.fr

Des pin-up moulées dans des robes crayon sous vide, des bikers tout cuir arborant sur

le bras une tête de panthère crachant des flammes… Voilà votre vision de l'après-guerre ? Alors foncez (en vespa vintage, forcément) chez True Love, petite boutique spécialisée dans les années 1950. Vous n'y trouverez que deux choses : des tatouages et des fringues. Les premiers sont dessinés et réalisés par El Bent, sympathique artiste cutané, les secondes importées d'Angleterre et des États-Unis par Lady Tornade, ancienne graphiste passée par la pole dance burlesque. Ici, à part quelques escarpins, tout est neuf pour vous refaire un look Bettie Page en un clin d'œil.
Ne manquez pas le must du lieu : les cache-tétons confectionnés par la patronne elle-même !

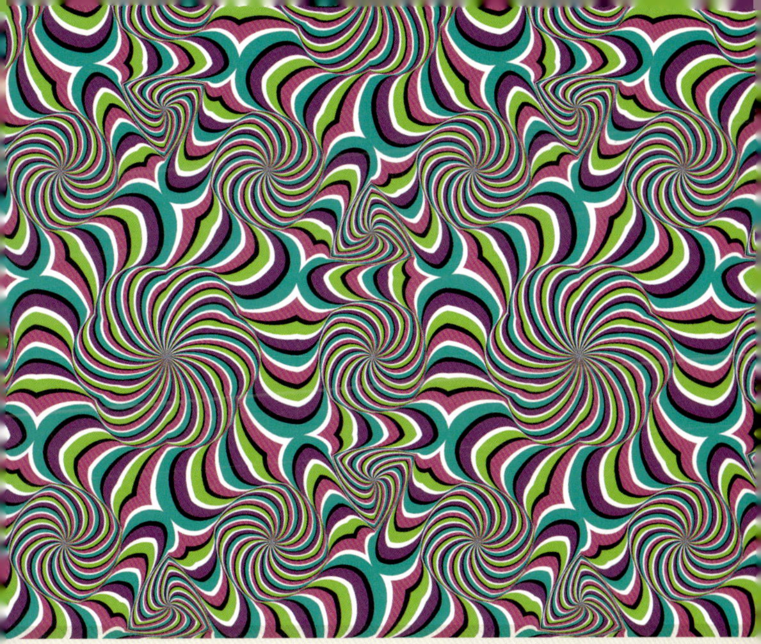

Index

Index alphabétique

6b (Le)...33
45 Tours (Le)...86
59 Rivoli...60

A
Aérosol (L')...19
Art 42...17
Asie-Antilles-Afrique...98
Association des Amies et amis de la Commune de Paris 1871...64
Ateliers du Tayrac...26
Au Bonheur du Jour...108
Au Parloir du Colombier...66
Autel du Culte de Bouddha...99

B
Bar (Le)...75
Beverley (Le)...109
Black Dog...74
Born Bad...52

C
Cabinet des Curieux (Le)...13
Cabinet du Docteur Dorr...92
Cantada II – Cabaret du Néant...85
Cantine de la Maison de la Culture Arménienne...67
Chez Bob de Tunis...68
Chez Carmen...72
Chochotte...111
Cirque Électrique (Le)...71
Clos Sauvage (Au)...32
Commune Café Associatif (La)...69
Community (The)...84
Comptoirs Spirituels...104
Consulat (Le)...77

D
Diffusion Rosicrucienne...91
DOC !...22
Drapeau de la Fidélité (Le)...70

E
Échomusée de la Goutte d'Or...18
Éditions Bussière...93
Espace B...81

F
Fantasmak...41
Ferme du Bonheur (La)...28
Flamme Divine (La)...101

G
Garage MU...55
Gare XP (La)...23
Générale (La)...14
Grand Bouillon...83

H
Hair Cowboy...116
Hasard Ludique (Le)...20
Hors-Circuits...43

I
Instants Chavirés...57

J
Jardin d'Alice (Le)...31

K
Khiasma...46
KnotS...114

L

Lady Long Solo ... 62
Lavo//matik (Le) ... 15
Liberté (La) ... 76
Librairie des éditions Ivrea ... 61
Librairie du Bonheur ... 95
Librairie Media 3000 ... 102
Librairie Publico ... 63
Loge Unie des Théosophes ... 103

M

Mains d'Œuvres ... 35
Maison de la Radiesthésie ... 97
Marbrerie (La) ... 56
Marché Souterrain de la Gare des Gobelins ... 100
Minerales Do Brasil ... 96
Mission Bretonne ... 78
MobilHome ... 82
Musardine (La) ... 112
Musée des Vampires et Monstres de l'Imaginaire ... 105
Mutinerie (La) ... 73

N

Nant (Le) ... 80

O

Omadis (L') ... 79
Ourcq Blanc ... 25
OVNI Paris ... 94

P

Parallèles ... 38
Parloir du Colombier (Au) ... 66
Presse de Saint-Ouen (La) ... 47

R

Regard Moderne (Un) ... 40
Re:Voir ... 42
Rex ... 110
Rituelles (Les) ... 113

S

Serpent à Plume ... 50
Shakespeare and Company ... 39
Shakirail (Le) ... 21
SoiXante AdaDa ... 34
Souffle Continu ... 53
Station – Gare des Mines (La) ... 87

T

Tai You ... 54
Tampographe Sardon (Le) ... 27
Thé Troc ... 44
Tim Bargeot ... 115
Topographie de l'Art ... 12
True Love ... 116

U

Usfipes ... 90

V

Vache Bleue (La) ... 24
Victor Kiswell ... 51
Villa, Mais d'Ici (La) ... 29
Violette and Co ... 45
Voûtes (Les) ... 16

W

Wonder ... 30

Index géographique

1er ARRONDISSEMENT
59 Rivoli 60
Parallèles 38
Tim Bargeot 115
Usfipes 90

2e ARRONDISSEMENT
Au Bonheur du Jour 108
Beverley (Le) 109
Chez Carmen 72

3e ARRONDISSEMENT
Diffusion Rosicrucienne 91
Mutinerie (La) 73
Rex 110
Topographie de l'Art 12

4e ARRONDISSEMENT
Black Dog 74
Hair Cowboy 116
Serpent à Plume 50

5e ARRONDISSEMENT
Cabinet du Docteur Dorr 92
Éditions Bussière 93
Librairie
des éditions Ivrea 61
OVNI Paris 94
Shakespeare and Company 39

6e ARRONDISSEMENT
Au Parloir du Colombier 66
Bar (Le) 75
Chochotte 111
Librairie du Bonheur 95
Regard Moderne (Un) 40

8e ARRONDISSEMENT
Minerales Do Brasil 96

9e ARRONDISSEMENT
Cabinet des Curieux (Le) 13
Cantine de la Maison de
la Culture Arménienne 67
Chez Bob de Tunis 68
Maison
de la Radiesthésie 97

10e ARRONDISSEMENT
Community (The) 84
Fantasmak 41
Re:Voir 42
Victor Kiswell 51

11e ARRONDISSEMENT
45 Tours (Le) 86
Asie-Antilles-Afrique 98
Born Bad 52
Cantada II –
Cabaret du Néant 85
Générale (La) 14
Hors-Circuits 43
Librairie Publico 63
Musardine (La) 112
Souffle Continu 53
Thé Troc 44
Violette and Co 45

12e ARRONDISSEMENT
Commune
Café Associatif (La) 69
Lady Long Solo 62
Liberté (La) 76

13e ARRONDISSEMENT
Association des Amies et amis de la Commune de Paris 1871 64
Autel du Culte de Bouddha 99
Lavo//matik (Le) 15
Marché Souterrain de la Gare des Gobelins 100
Tai You 54
Voûtes (Les) 16

14e ARRONDISSEMENT
Consulat (Le) 77
Flamme Divine (La) 101
Librairie Media 3000 102
Mission Bretonne 78

15e ARRONDISSEMENT
Drapeau de la Fidélité (Le) 70

16e ARRONDISSEMENT
Loge Unie des Théosophes 103

17e ARRONDISSEMENT
Art 42 17

18e ARRONDISSEMENT
Aérosol (L') 19
Comptoirs Spirituels 104
Échomusée de la Goutte d'Or 18
Garage MU 55
Hasard Ludique (Le) 20
Nant (Le) 80
Omadis (L') 79
Rituelles (Les) 113
Shakirail (Le) 21
Station – Gare des Mines (La) 87

19e ARRONDISSEMENT
DOC ! 22
Espace B 81
Gare XP (La) 23
Ourcq Blanc 25
Vache Bleue (La) 24

20e ARRONDISSEMENT
Ateliers du Tayrac 26
Cirque Électrique (Le) 71
MobilHome 82
Tampographe Sardon (Le) 27

HAUTS-DE-SEINE
Ferme du Bonheur (La) 28

SEINE-SAINT-DENIS
6b (Le) 33
Clos Sauvage (Au) 32
Grand Bouillon 83
Instants Chavirés 57
Jardin d'Alice (Le) 31
Khiasma 46
KnotS 114
Mains d'Œuvres 35
Marbrerie (La) 56
Musée des Vampires et Monstres de l'Imaginaire 105
Presse de Saint-Ouen (La) 47
SoiXante AdaDa 34
Villa, Mais d'Ici (La) 29
Wonder 30

....
....
....
....
....
....
....
....
....
....
....
....
....
....
....
....
....
....
....
....
....
....
....
....
....
....
....
....
....

Crédits photographiques

Toutes les photographies sont © Antoine Besse.

Autres mentions : © Chochotte/DR (Chochotte), © Freeslience (Instants Chavirés), © Matthieu Gauchet (Khiasma), © Pierre Wayser (Les Voûtes), © Suzane Brun (La Villa, Mais d'Ici).

Édition : Mathilde Kressmann
Relecture-correction : Marine Bastide et Amélie Gouard
Direction artistique et couverture : Isabelle Chemin
Suivi de la mise à jour 2018 : Aude Gandiol

ISBN : 978-2-37395-100-4
Dépôt légal : novembre 2018
Achevé d'imprimer en UE en octobre 2018